FOI
ESPÉRANCE ET CHARITÉ

POÉSIES

RELIGIEUSES ET MORALES

PAR

PROSPER BLANCHEMAIN

PARIS

PAUL MASGANA, LIBRAIRE-ÉDITEUR

12, GALERIE DE L'ODÉON

—

1853.

FOI

ESPÉRANCE ET CHARITÉ

IMPRIMERIE DE J. CLAYE ET Cᵉ, RUE SAINT-BENOÎT, 7.

FOI

ESPÉRANCE ET CHARITÉ

POÉSIES

RELIGIEUSES ET MORALES

PAR

PROSPER BLANCHEMAIN

PARIS

PAUL MASGANA, LIBRAIRE-ÉDITEUR

12, GALERIE DE L'ODÉON

—

1853.

Toi qui m'as si tendrement chéri sur la terre, toi qui me protéges encore aujourd'hui du ciel où ton âme est allée, reçois l'hommage de ces vers que tu aimais, et dans lesquels peut-être survit un parfum de ton cœur.

Tu aurais été heureuse de les voir ainsi réunis.

Pourquoi faut-il que je ne puisse consacrer qu'au souvenir seul de ta tendresse ineffable, à la mémoire de tes pieuses vertus, ce livre que j'aurais déposé avec tant de joie sur tes genoux,

O Ma Mère Adorée!

LIVRE PREMIER

Et quoi que ce soit que vous demandiez
avec foi dans la prière, vous l'obtiendrez.

SAINT MATHIEU, ch. XXI, v. 22.

Bella, immortal, benefica
Fede ai triomfi avvezza,
Servi ancor questo....

A. MANZONI.

LA FOI

—

A UN APOTRE MODERNE

Prenez garde de ne pas refuser
d'entendre celui qui parle.
SAINT PAUL *aux Hébreux*, c. XII, v. 25.

I.

Déjà ce peuple-roi qui portait les deux pôles,
A force de grandeur se créant des revers,
Avait senti ployer ses robustes épaules
    Sous le fardeau de l'univers.

Le temps obscurcissait sa brillante auréole;
Son aigle s'endormait dans un repos profond,
Et l'écho murmurait, la nuit, au Capitole :
    « Les dieux s'en vont! les dieux s'en vont! »

1.

La croyance était morte et n'avait plus d'apôtre;
Les cieux déserts roulaient des astres inconnus,
Et les peuples tremblants se disaient l'un à l'autre :
    « Les derniers jours sont-ils venus? »

Il fallait au vieux monde une nouvelle idée;
Il n'avait plus l'Olympe et pas encor le Ciel.
Un homme, nommé Jean, parut dans la Judée,
    Prêchant aux tribus d'Israël.

C'était un saint prophète à la voix fière et mâle;
Il disait : « Ouvrez-vous, sentiers de l'avenir!
Je ne mérite pas d'essuyer la sandale
    Du Rédempteur qui va venir.

« J'arrive seulement prêchant la pénitence:
Car le fils de David marche derrière moi.
Chante, ô Jérusalem, un hymne d'espérance :
    Voici ton Seigneur et ton Roi! »

Alors Jérusalem prit ses habits de fête,
Monta sur sa colline, et regardant au loin,
Dit : « Où donc est celui qu'annonce le prophète?
    Et d'où vient qu'il ne paraît point? »

Sion! malheur à toi! Jésus fils d'une femme,
Jésus persécuté, Sion, malheur à toi!
Jésus crucifié sur le Calvaire infâme,
    Voilà ton Seigneur et ton Roi!

C'est lui qui doit, sorti de ses voiles funèbres,
Renaître de la mort, et, dans sa majesté,
Ainsi que le soleil qui chasse les ténèbres,
    Resplendir sur l'immensité !

II.

Apôtre ! nous rentrons dans ces jours d'épouvante
    Où la terre mouvante,
Dans la convulsion d'un grand enfantement,
    Frémit jusques à ses entrailles.
D'un monde corrompu, qui se meurt lentement,
    Le Temps sonne les funérailles.

Voici que nous errons dans la nuit d'autrefois ;
    De lamentables voix
Aux dieux d'un siècle impur lancent leur anathème ;
Les premiers de jadis sont derniers aujourd'hui,
    Et le Maître suprême
A retiré son bras qui faisait leur appui.

III.

A chaque point du ciel une tempête gronde ;
Des tonnerres nouveaux ébranlent ce vieux monde
    Sur ses antiques fondements ;
La flamme qui dévore et demande à s'étendre,

Tord dans ses bras de feu, brise et réduit en cendre
 Les palais et les monuments.

La sanglante discorde et les guerres civiles
De meurtres inouïs épouvantent les villes ;
 Les premiers-nés des nations,
Au lieu de vivre en paix et de s'aimer en frères,
Meurent en s'égorgeant et lèguent leurs colères
 Aux autres générations.

Le pâle choléra, ce monstre aux pieds rapides,
Qui couve l'univers sous ses ailes livides
 Et qui souffle un vent de trépas,
Confondant les vainqueurs, les vaincus pêle-mêle,
Moissonne avant la guerre et revient, après elle,
 Glaner dans le champ des combats.

L'Éternel, irrité de nos longues offenses,
Aurait-il déchaîné le char de ses vengeances
 Contre le monde épouvanté ?
Et les astres des cieux, et les mers, et la terre
Vont-ils s'anéantir, comme un fragile verre,
 Aux mains de la Divinité ?

Non ; car le siècle sent, au sein de la tourmente,
Quelque germe inconnu, qui dans l'ombre fermente
 Sur les dépouilles du passé,
Qui jette lentement ses profondes racines,
Qui va, resplendissant, s'élancer des ruines
 Du vieil univers renversé !

Car Dieu n'a pas de nous détourné son visage ;
L'homme, né de son souffle et fait à son image,
    N'est pas encor déshérité ;
Et, pour régénérer notre race maudite,
Déjà quelque Sauveur, prêt à naître, palpite
    Dans les flancs de l'humanité !

IV.

Et toi, nouveau saint Jean, avec ta voix austère,
    Avec ton élan chaleureux,
Tu parais, annonçant aux peuples de la terre
    L'Évangile rouvert pour eux.

Tu dis : « Venez vers Dieu, vous tous dont le cœur ploie,
    Humains fatigués de souffrir,
Et Dieu vous donnera l'espérance et la joie,
    Le baume qui doit vous guérir.

« Venez ! vous qui pleurez les pleurs de la misère,
    Et l'on vous séchera les yeux ;
Venez ! vous dont le front tombe dans la poussière,
    On l'élèvera vers les cieux. »

Alors le laboureur achève, avec ivresse,
    Le sillon qu'il mouillait de pleurs,
Espérant moissonner un jour dans l'allégresse
    Ce qu'il sema dans les douleurs.

La jeune travailleuse, en t'écoutant, s'arrête,
    Se relève et sourit d'amour ;
Comme le lis des champs, courbé par la tempête,
    Renaît sous un rayon du jour.

Et le jeune soldat, dont le cœur plein de séve
    Ne rêvait que d'exploits guerriers,
Gémit sur sa conquête; il ne veut plus de glaive
    Que pour défendre ses foyers.

V.

Ainsi la Foi première, à ta voix revenue,
    Nous verse les trésors du ciel.
En vain des cœurs pétris d'amertume et de fiel
    L'ont proscrite et l'ont méconnue.

En vain, fiers de leur haine et de leur désespoir,
    Ils ont renié ses merveilles;
En vain ils ont fermé les yeux et les oreilles,
    De crainte d'entendre et de voir.

Malheur à qui sur elle entasse les outrages;
    Car l'Éternel est son appui.
Victime impérissable et sainte comme lui,
    Elle attend la fin des orages.

Qu'ils dressent donc la croix, qu'ils hâtent le bourreau !
    Fille du Sauveur de la terre,

La Foi supportera comme lui le Calvaire,
    Et les douleurs et le tombeau.

Ils croiront que les vers en ont fait leur pâture ;
    Mais que le réveil sera prompt !
Elle se lèvera soudain, brisant du front
    La pierre de sa sépulture.

Et tout tremblants encor, les yeux à peine ouverts,
    Ils chercheront en bas sa trace,
Que déjà, de sa gloire illuminant l'espace,
    Elle éblouira l'univers !

———

L'ORAISON DOMINICALE

PARAPHRASE

O Seigneur ! à travers l'espace radieux,
    Où les mondes autour des mondes
Entrelacent sans fin leurs spirales profondes ;
Du sein des univers, des soleils glorieux,
Dans l'éther qui toujours finit et recommence,
    S'élève une prière immense :
O notre père à tous, notre père des cieux !

Et la création, ainsi qu'une captive
    Qui presse les genoux d'un roi,
Tressaillant de ferveur, de tendresse et d'effroi,
S'incline et se confond devant vous attentive ;
Ainsi qu'un vermisseau la terre est sous vos pieds,
    Sur le ciel vous vous asseyez :
Que votre nom soit saint, que votre règne arrive.

Vous êtes le seul grand! l'éclair est dans vos yeux,
 Et vous parlez avec la foudre;
Comme le voyageur qui fait voler la poudre,
Vous pourriez, balayer d'un geste insoucieux,
Les mondes confondus dans un seul anathème :
  Que votre volonté suprême
Soit faite sur la terre ainsi que dans les cieux.

Car vous tenez sur nous une coupe inclinée,
 D'où les orages en fureur
Pourraient verser sans fin le désastre et l'horreur.
Mais la terre par vous n'est pas abandonnée,
C'est vous qui gouvernez l'aile de l'aquilon,
 Vous qui fécondez le sillon...
Donnez-nous aujourd'hui le pain de la journée.

Et l'homme, atome vain que toujours caressa
 Votre tendre sollicitude,
Flétrit tout par sa haine et son ingratitude!
Adoucissez le cœur qu'un autre cœur froissa,
Vous, le Dieu bon, le Dieu de toutes les clémences,
 Et pardonnez-nous nos offenses
Comme nous pardonnons à qui nous offensa.

L'existence est en butte à des piéges infâmes.
 Ainsi qu'un ravisseur de nuit,
Le démon tentateur nous épie et nous suit;
Est-il sur terre un bien à l'abri de ses flammes ?
Est-il un bras si fort qu'il n'ait su le courber?
 Ne nous laissez pas succomber
A la tentation qui menace nos âmes !

Veillez sur nous ! la vie est un chemin fatal
     Qui mène vers un but sublime,
Mais qui serpente, au flanc des monts, sur un abîme,
D'où semblable au vertige un esprit infernal
Éblouit et surprend le passant misérable.
     Seigneur, soyez-nous secourable !
Seigneur, exaucez-nous ! *Délivrez-nous du mal !*

Amen ! gloire à vous seul, au ciel et sur la terre !
     Ainsi les temps suivront les temps ;
Ainsi, de cieux en cieux, les astres éclatants
Chanteront, dans leur cours, l'hymne sacramentaire,
Jusqu'à l'heure terrible où, jugeant les humains,
     Vous replongerez de vos mains
Les mondes en débris dans l'éternel mystère.

LE RAMEAU BÉNIT

ÉLÉGIE

COURONNÉE PAR L'ACADÉMIE DES JEUX FLORAUX

Rameau vert, qu'à l'église une sainte parole
    Vient de bénir,
De la joie ou des pleurs m'offres-tu le symbole
    Dans l'avenir?

Es-tu fils du rameau que la colombe en marche,
    Par un beau soir,
Rapporta comme emblème aux habitants de l'Arche,
    Rameau d'espoir?

Ou, viens-tu de ce buis qui penche au cimetière
    Son front en deuil,
Et de nos morts aimés ombrage la poussière
    Dans le cercueil?

Mais non ! à ton aspect c'est l'espoir qui doit naître,
    Et non l'effroi :
Aujourd'hui dans Sion Jésus, le divin maître,
    Rentrait en Roi ;

Le feuillage et les fleurs jonchaient sa trace aimée,
    Et chaque Hébreu
Étendait son manteau sur la route embaumée,
    Aux pieds du Dieu.

Rameau bénit au nom du saint Fils de Marie,
    En qui j'ai foi,
Rappelle-moi le jour de la Pâque-fleurie,
    Sacré pour moi ;

Qu'une tendre pensée à tes feuilles s'attache
    Dans mon esprit ;
Couronne le vieux cadre où la Vierge sans tache
    Prie et sourit.

Protége mon sommeil, donne-moi d'heureux songes,
    Jusqu'aux instants
Où, pour moi, de quitter la terre et ses mensonges
    Viendra le temps.

Alors dans l'eau bénite on trempera ta feuille,
    Et chaque ami,
Rêveur, aspergera la terre, qui recueille
    L'homme endormi.

Si mon départ suprême éveille quelque plainte,
    Quelques douleurs,

Si de rares chrétiens aux gouttes de l'eau sainte
            Mèlent des pleurs;

Rameau cher et sacré, parle à ces âmes sombres
            De pur amour,
Dis à ces cœurs brisés qu'ici-bas sont les ombres,
            Là haut le jour.

Toi qui fêtas en Roi, dans sa marche adorée,
            Le Dieu mortel,
Présage encor l'espoir et fête aussi l'entrée
            D'une âme au Ciel.

LA FILLE DE JAIRE

POÈME

A M. AUGUSTE LE PRÉVOST

MEMBRE DE L'INSTITUT

> Il la prit par la main et lui dit :
> « Talitha cumi » ; c'est-à-dire : ma
> fille, levez-vous, je vous l'ordonne.
>
> SAINT MARC, ch. v, v. 41.

En passant vers le soir sur le chemin aride
Qui de Capharnaüm conduit à Bethsaïde,
Jadis le voyageur, dans la verte saison,
Apercevait de loin une blanche maison.
Deux palmiers lui formant un gracieux portique,
Devant elle, enlacés par une vigne antique,
S'élevaient, et la vigne en berceau les suivant,
Étendait sur le seuil son ombrage mouvant.
Par des platanes verts de tout bruit isolée,
Qu'elle était belle alors, d'ombre à demi voilée,
Quand le soleil, plongeant dans l'espace éternel,

Teignait de pourpre et d'or les cimes du Carmel,
Et que le lac d'azur, où glissait quelque voile,
S'argentait aux clartés de la première étoile.

Par un dernier rayon les monts étaient rougis :
Jaïre retournait vers ce riant logis,
Quand des gens attroupés interrompent sa route.
Debout, au milieu d'eux, un homme qu'on écoute,
Un homme au noble geste, à la puissante voix,
Tient suspendus les pas et les cœurs à la fois.
C'est Jésus ! — Curieux d'entendre les paroles
De celui dont Juda redit les paraboles,
Jaïre malgré lui s'arrête, obéissant
À la voix du prophète, à son charme puissant.
Viennent alors des gens qui de Tibériade
Apportaient un perclus, depuis longtemps malade.
Or Jésus s'approchant suivi de ses amis :
« Ayez foi, lui dit-il, vos péchés sont remis. »
Jaïre l'écoutait et pensait en lui-même :
Cet homme est fou sans doute, ou plutôt il blasphème !
Jésus, qui dans son cœur lisait son peu de foi,
L'aborde en souriant : « Pourquoi laisser en toi
« Fermenter ce levain de mauvaise pensée ?
« Quelle chose en effet te semble plus aisée
« De dire : Vos péchés vous sont remis ! ou bien :
« Levez-vous et marchez ! — Or donc, Pharisien,
« Pour qu'il te soit prouvé que le fils de la femme
« Peut délivrer le corps comme il délivre l'âme,
« Debout ! ajouta-t-il, s'adressant au perclus :
« Emportez votre lit ; allez ! ne péchez plus ! »

Or le paralytique, à cet ordre suprême,
Se leva, prit son lit et l'emporta lui-même.
Puis Jésus s'éloigna. Le groupe dispersé,
Jaïre poursuivit son chemin commencé.
En foulant à pas lents le sentier solitaire,
Il songeait à cet être entouré de mystère ;
Mais son orgueil, rebelle au pouvoir du Sauveur,
Ne voulait voir en lui qu'un fourbe ou qu'un rêveur.
Il ne comprenait pas, homme à l'étroit génie,
A tant d'humilité tant de grandeur unie.
Le Messie, à ses yeux, devait sur l'univers
Tonner comme un orage environné d'éclairs ;
Mais un homme humble et doux qui partout faisant grâce,
Bénissant qui le hait, plaignant qui le menace,
Passait sur cette terre en répandant le bien,
Cet homme-là n'était qu'un vil magicien.
Il marche, et cependant, sous la blanche demeure
Que d'un rayon si doux le jour mourant effleure,
L'enfant de son amour, la belle Séphora,
Dont un mal inconnu tout à coup s'empara,
Gémissante s'agite ; une livide fièvre
Enflamme son regard et contracte sa lèvre.

Attentive à ses maux, souffrant plus qu'elle encor,
Sa mère est là, veillant comme sur un trésor,
Pâle d'inquiétude et de pleurs inondée.
« Mère, dit Séphora, Dieu m'a redemandée.
« Mon cœur va se briser ; mes jours sont révolus.
« Soleil, qui disparais, je ne te verrai plus !

« — Dieu nous chérit, ma fille ; il veut que l'on espère !

« — Que seulement je puisse encor revoir mon père.
« Mes yeux seront fermés s'il tarde à revenir ;
« Car mon heure est prochaine et le temps va finir.
« O Jaïre ! ô mon père ! et toi, mère adorée,
« Par moi votre vieillesse eût été vénérée.
« Qui donc remplacera l'enfant de votre amour,
« Pour vous veiller la nuit, pour vous servir le jour ?
« Et toi, que feras-tu sans ta fille sur terre ?
« La nuit, tu pleureras ta douleur solitaire,
« Et quand luira l'aurore à l'horizon lointain,
« Tu ne recevras plus le baiser du matin.
« Le ciel ne peut vouloir que je te sois ravie ;
« Pour lui ma mort n'est rien, et tu vis de ma vie
« O t'embrasser demain, revoir le jour, guérir !
« Sauve-moi ! sauve-moi ! je ne veux pas mourir ! »

Sa mère, en écoutant ces cris de la souffrance,
Le désespoir au cœur lui parlait d'espérance,
Lui souriait en face, et, cachant ses douleurs,
Vingt fois se détournait pour essuyer ses pleurs.

Séphora faiblissait sous l'atteinte cruelle,
Lorsqu'arriva Jaïre. A l'horrible nouvelle,
Il s'élance : « O ma fille !... » Elle n'entendait pas,
Et sur son front flottaient les pâleurs du trépas.
En voyant expirer son enfant, son idole,
Jaïre, l'œil éteint, sans force, sans parole,
Pleurait. Mais tout à coup, à ce spectacle affreux,

Un rayon a brillé dans son cœur douloureux.
L'orgueil pharisien, voile obscur de sa vue,
Se dissipe aux clartés d'une flamme imprévue ;
La foi qu'il méprisait dans ses regards a lui :
Il croit, espère, adore, et Dieu même est en lui.
« O Jésus ! disait-il en frappant sa poitrine,
« Pour avoir méconnu ta mission divine,
« Jésus, c'est trop punir mon incrédulité !
« Ta puissance n'a rien d'égal que ta bonté ;
« Tu remets les péchés ; tu veux, le mal s'envole ;
« Tu parles, les perclus marchent à ta parole.
« Jésus ! pardonne-moi, puisque Dieu dans tes mains
« A remis son pouvoir pour sauver les humains ! »

— « Il est si bon, si pur, dit la mère, oh ! qu'il vienne !
« Qu'il vienne, il comprendra ma douleur et la tienne.
« Qu'il veuille seulement, il nous la sauvera ;
« Qu'il dise une parole et notre enfant vivra ! »

Jaïre aussitôt part, et, franchissant la plaine,
Aux genoux du Sauveur il tombe hors d'haleine :
« Maître ! viens avec moi. Ma fille va mourir :
« C'est mon unique enfant ; tu peux seul la guérir.
« Impose-lui tes mains, et le mal comme un rêve,
« Va fuir, et mon enfant vivra ! »
                                        Jésus se lève ;
Il marche. « Conduis-moi, dit-il, en ta maison.
« De ta croyance en Dieu dépend la guérison. »

Mais de la ville à peine ils franchissaient la porte,

Qu'un esclave éploré : « Seigneur ! ta fille est morte ! »·
Désespéré, Jaïre accuse sa lenteur,
Déchire sa tunique et dit au Rédempteur :
« Maître ! ma seule enfant vient de perdre la vie ;
« Dieu me l'avait donnée et Dieu me l'a ravie.
« N'allez pas plus avant, puisque tout est fini.
« Jéhovah l'a voulu ; que son nom soit béni ! »
Jésus lit dans son cœur, que la douleur dévore :
Il lui répond : « Allons, mon fils, espère encore ! »

Comme devant la foule ils marchaient les premiers,
Ils parvinrent bientôt jusque sous les palmiers.
A la sombre lueur de deux lampes funèbres,
Dont les feux languissants attristaient les ténèbres,
Les serviteurs épars gémissaient dans la nuit.
Jésus leur dit : « Pourquoi ces larmes et ce bruit ?
« Cette enfant n'est pas morte, elle n'est qu'assoupie. »
Or ces gens murmuraient : « Pourquoi donc cet impie
« Par ses discours moqueurs accroît-il notre deuil,
« Et vient-il nous railler en face d'un cercueil ? »

Mais Jésus alla droit à la mère éplorée,
Qui, seule, sous le poids de sa douleur, navrée,
Les yeux fixes et secs, immobile, debout,
Demeurait à l'écart comme étrangère à tout,
Et qu'on aurait pu croire une pâle statue,
Si parfois, soulevant sa poitrine abattue,
Quelques rares soupirs, mornes et désolés,
Du profond de son cœur ne s'étaient exhalés.
Triste, il la regarda ; puis tourné vers Jaïre :

« Près de l'enfant, dit-il, nous allons la conduire. »

Arrivé sur le seuil, quand il vit Séphora,
Dans le trépas si belle et si pure, il pleura...

Anges, qui le guidiez de la Crèche au Calvaire,
Vous avez recueilli, comme un don tutélaire,
Cette larme du Christ, précieux diamant,
Vous l'avez élevée au plus haut firmament;
Et cette larme sainte est la limpide étoile
Qui dans l'immensité brillante se dévoile,
Quand une jeune mère, en son cœur triomphant,
Songe au premier baiser de son premier enfant.

Le Rédempteur se mit à genoux sur la pierre,
Courba sa noble tête et fit une prière;
Puis, allant vers l'enfant, il la prit par la main :
« Ma fille, levez-vous; je l'ordonne! »

                              Soudain
L'enfant ouvrit les yeux et dit tout haut : « Ma mère! »
La mère se leva dans sa douleur amère,
Et croyant tout à coup au miracle vainqueur
Elle embrassa l'enfant avec un cri du cœur.
Ses yeux secs jusqu'alors se remplissaient de larmes;
Puis elle se livrait à de folles alarmes,
Puis aux pieds de Jésus s'écriait, l'œil en feu :
« O vous êtes le Christ et le vrai fils de Dieu! »

AVE, MARIA

Les étoiles n'ont plus qu'une flamme épuisée ;
Au bord de l'horizon une lueur rosée
Découpe la colline obscure et sans couleurs ;
Un voile de brouillard, aussi blanc que la neige,
Sur l'ombre du vallon, se répand et protége
    Dans leur sommeil les humains et les fleurs.

Une feuille s'entr'ouvre, une branche crépite,
Un oiseau pousse un cri dans l'herbe qui s'agite,
Et du clocher lointain sort un son triste et doux.
C'est la cloche qui dit, en tintant dans l'espace :
Salut à vous, Marie, à vous pleine de grâce,
    L'esprit de Dieu s'est reposé sur vous !

La lumière céleste à l'orient s'augmente,
La brume dans les champs se disperse fumante,
Dans un demi-sommeil le vallon va nageant ;
Et partout reverdit, présage d'abondance,
Cette herbe où la rosée en tombant se condense,
    Comme un réseau de perles et d'argent.

3

La nature est semblable à vous, vierge Marie;
Le printemps est son fils qu'avec idolâtrie,
Elle berce en riant sur son sein rajeuni.
Protégez donc ses fleurs, sa verdure, ses flammes;
Car vous êtes bénie entre toutes les femmes,
   Et Jésus-Christ, votre enfant, est béni.

Vierge! vous l'écoutez ce monde qui s'incline,
La gloire du soleil jaillit de la colline,
Et soudain mille oiseaux poussent un cri d'amour;
La cloche tinte encor; le vent dans les ramures
Disperse la rosée avec de gais murmures,
   L'hymne du monde a salué le jour.

Je vous implore aussi; mon œil aux cieux s'élève;
Les astres avec l'ombre ont fui comme un vain rêve.
Heureux qui dans vos bras se réveille et s'endort:
Sainte mère de Dieu, pour nous dont la voix crie,
Pour nous, pauvres pécheurs, priez, vierge Marie,
   Et maintenant et le jour de la mort!

LES PETITS ENFANTS

A MONSIEUR L'ABBÉ SAILLANT

> Car celui d'entre vous tous qui est le plus
> petit, c'est celui-là qui sera grand.
> SAINT LUC, c. IX, v. 42.

« Bords aimés du Jourdain, Liban silencieux,
Cèdres contemporains de nos premiers aïeux,
Bethsaïde, Emmaüs, lac de Tibériade,
Votre aspect rajeunit mon cœur vieux et malade!
Après quatre-vingts ans ici je me revois;
Voici les grands palmiers, aussi verts qu'autrefois,
Et le noir térébinthe et les ondes sonores,
Où les femmes, le soir, remplissaient leurs amphores.
Et c'est là qu'il s'assit à l'ombre du figuier,
Que sur le roc bruni je le vis s'appuyer;
C'est là, je me souviens!... »

                Ainsi, d'une voix lente,
Un vieillard, accablé par la chaleur brûlante,

Parlait et s'arrêtait, regardant le pays,
Et le lac, et les monts, et les champs de maïs.

Au détour du chemin un figuier séculaire,
Debout sur le penchant d'un coteau circulaire
D'où les yeux embrassaient un immense horizon,
Étendait ses rameaux sur un sombre gazon.
Ces lieux, chers au vieillard, faisaient dans sa pensée
Vibrer les souvenirs d'une époque effacée;
Car, sous l'arbre aux doux fruits, sitôt qu'il arriva,
Il prononça tout haut le nom de Jéhova,
Et, tombant à genoux, frappa du front la terre.
Des enfants qui jouaient dans ce lieu solitaire,
N'osant à son aspect ni courir ni crier,
Avec étonnement le regardaient prier.
L'un, immobile, fixe et la main entr'ouverte,
Avait laissé tomber une datte encor verte
Et semblait tout surpris qu'on pût être aussi vieux.
Un autre, plus craintif et non moins curieux,
Blotti dans un buisson, passait sous une branche,
Comme un fruit déjà mûr, sa tête rose et blanche;
Les autres n'avaient point suspendu leurs ébats.
Un plus petit riait et lui tendait les bras.
Car le vieil étranger brillait de bienveillance;
Et d'ailleurs la vieillesse est la sœur de l'enfance.

Or, lentement, un doigt sur les lèvres placé,
Le plus âgé de tous vers lui s'est avancé;
Un autre à pas furtifs l'a suivi par derrière.
Cependant le vieillard, terminant sa prière,

Se relève et s'assied au pied du rocher gris,
Regarde les enfants avec un doux souris,
Et doucement leur dit : — « Venez, petits farouches,
Que je ne chasse pas la gaîté de vos bouches;
En vous voyant joyeux, enfants, il me souvient
Que je fus comme vous, et la paix me revient. »

Les enfants à sa voix reprennent de l'audace
Et l'entourent bientôt. L'un d'entre eux, avec grâce :

— « Quoi donc, vous, lui dit-il, vous si vieux et si grand,
Vous étiez comme nous jeune et toujours courant?
Ces temps-là sont bien loin? »

                              — « Les pères de vos pères
Étaient mes compagnons, mes amis et mes frères. »

— « Mais alors de ces temps il ne vous souvient plus? »

— « Depuis quatre-vingts ans ces jours sont révolus;
Quatre-vingts fois depuis, au souffle de l'automne,
Les arbres de ces monts ont jeté leur couronne;
Tandis que j'ai vécu, seul, sous les cèdres verts,
Priant et contemplant Dieu dans son univers.
Pourtant il me souvient qu'autrefois, sous cette ombre,
Lorsque j'étais enfant, nous venions en grand nombre.
Un jour, sous un soleil chaud comme celui-ci,
Nous jouions comme vous, beaux et joyeux aussi,
Lorsqu'apparut, suivi par une foule immense,
Un homme jeune encore; il marchait en silence,

                                            3

Et, lorsque sur la route il s'arrêtait parfois,
Pour parler à ces gens attentifs à sa voix,
La foule s'inclinait en lui rendant hommage,
Comme devant Dieu même ou sa vivante image.
L'un de son manteau brun voulait toucher le bas,
L'autre baiser la place où s'imprimaient ses pas;
Tous l'entouraient d'amour: c'est qu'aussi sa figure
Rayonnait sous le jour d'une bonté si pure!
Ses grands yeux bleus si doux, son sourire sans fiel,
Ses longs cheveux dorés comme un rayon de miel,
A nos regards surpris l'entouraient d'auréoles.
Quand ses lèvres s'ouvraient pour de saintes paroles,
Sa voix allait au cœur des peuples abattus;
Et sa beauté, c'était la splendeur des vertus.
Or, cet homme divin, c'était celui qu'on nomme
Jésus, qui se disait alors le Fils de l'Homme!

« Que de fois l'avait-on exalté jusqu'au ciel,
Ce prophète inspiré, ce nouveau Daniel,
Qui, par Dieu même instruit dans les saints tabernacles,
Parcourait la Judée en semant des miracles,
Qui disait à l'aveugle: Ouvre les yeux et vois!
Au paralysé: Marche! Au sourd: Entends la voix!
Qui commandait aux vents, à l'onde, à l'enfer même,
Et réveillait les morts de leur sommeil suprême!
Il s'assit là! Nous tous ardents à l'approcher,
Nous courions; mais la foule obstruait le rocher,
Et chacun s'opposait à nous avec rudesse.
Il nous vit, et, voulant aider notre faiblesse,
Tourna vers nous ses yeux tendres et triomphants:

« Laissez venir à moi tous ces petits enfants ;
« Ne les empêchez point, dit-il d'un ton modeste ;
« Car le royaume saint de mon père céleste
« Est pour tous ces petits qui m'aiment, et pour ceux
« Qui possèdent un cœur candide et pur comme eux ;
« Et du banquet divin nul ne sera convive
« S'il n'a point d'un enfant la pureté naïve.
« En vérité, c'est moi, c'est moi qui vous le dis,
« Si quelqu'un scandalise un seul de ces petits,
« Il vaudrait mieux pour lui qu'une main meurtrière
« A son cou suspendît une meule de pierre
« Et qu'au fond de ce lac il fût précipité ;
« Car il sera maudit pendant l'éternité.
« Mais quiconque, en mon nom, les accueille et les aime,
« Celui-là me reçoit et me chérit moi-même. »

« Ayant ainsi parlé, sur nos fronts réunis
Il étendit la main et dit : Soyez bénis !
Et puis me choisissant, le Rédempteur du monde
Couronna d'un baiser ma tête rose et blonde. »

Les enfants souriaient au récit du vieillard,
Quand des gens du pays passèrent par hasard.
Tandis qu'il annonçait à la troupe docile
Les préceptes divins écrits dans l'Évangile,
Avec impatience ils l'avaient écouté,
Et, lorsqu'il eut fini, d'un ton plein d'âpreté :

— « Que nous veut, dirent-ils, ton Christ et son histoire ?
Nos enfants ne sont pas d'un autre âge, pour croire

Aux prodiges menteurs d'un vil crucifié! »

— « Hélas! dit le vieillard, vous l'avez renié;
Cependant, de vos fils n'écartez pas sans cause
La bénédiction que ma main leur impose :
Car la bouche du Christ a placé sur mon front
Un signe que jamais les ans n'effaceront;
Car les vœux d'un vieillard ne sont jamais funestes
Et ma voix peut monter jusqu'aux parvis célestes. »

Mais eux, sans respecter cet homme surhumain,
Arrachaient leurs enfants à sa tremblante main,
Et de lui s'éloignaient en haussant les épaules.

Le vieillard descendit par le chemin des saules,
Longeant les bords du lac, lentement, pas à pas,
Sans maudire ces gens qui ne comprenaient pas.
C'est qu'il avait appris, par le fils de la femme,
A souffrir sans courroux l'affront le plus infâme,
Et tout vieux qu'il était, pauvre, sans feu ni lieu,
Il était grand et fort, car il croyait en Dieu.

Au Parquet, avril 1840.

LE CHANT DES ORGUES

Silence dans la nef! Le soleil d'occident
    Vers l'horizon pourpré s'incline,
    Et son disque d'or illumine
La rosace qui luit ainsi qu'un disque ardent.
Peuple! prêtres! vous tous enfants de la prière,
Laissez quelques instants les cantiques sacrés,
Par les derniers échos vaguement murmurés,
    S'endormir dans le sanctuaire!

Silence! entendez-vous comme en nos cœurs troublés
    Un vague prélude circule,
    Pareil au vent du crépuscule
Qui court mélancolique et pleure dans les blés?
C'est l'orgue qui répond à des mains palpitantes;
Sa voix s'enfle, grandit, et soudain, jusqu'aux cieux,
Sous l'effort cadencé des doigts mélodieux,
    Jaillit en notes éclatantes.

Écoutez! écoutez! c'est le souffle de Dieu
    Qui descend à travers l'espace

Dans les splendeurs de la rosace,
Rayon divin formé de musique et de feu.
Les grands tubes d'argent ont une âme, un génie,
Ils vibrent tour à tour, éclatent à la fois,
Chacun naît pour chanter, chacun prend une voix
    Et respire son harmonie.

C'est le gémissement des lointains aquilons
    Agitant la forêt profonde,
    Le tonnerre qui roule et gronde,
Par les monts répété de vallons en vallons.
Ce sont des cris, des pleurs, des cantiques d'ivresse,
Des hymnes palpitants d'amour et de terreur,
Des soupirs à la fois pleins d'une sainte horreur,
    Et d'une indicible tendresse.

Chantez! échos du ciel, voix d'espoir et d'amour!
    Et toi qui réveillas l'aurore,
    O musique, soupire encore
Pour bercer la nature et fermer l'œil du jour!
Tes sublimes concerts donnent l'essor à l'âme :
Elle frémit, s'élance, et, du pied de l'autel,
Dans des flots d'harmonie et d'encens, jusqu'au ciel
    Monte avec ses ailes de flamme.

C'est alors qu'une sainte et pure vision
    Inonde le cœur du poëte;
    Sous ses doigts la harpe inquiète
Frémit, comme autrefois le kinnor de Sion,
Quand des fils de Jacob il annonçait les fêtes,

Quand le temple s'ouvrait à l'arche du vrai Dieu,
Quand Éloïm parlait et que sa voix de feu
    Brûlait la bouche des Prophètes.

Or, j'entendais un bruit, comme les grandes eaux
    Se brisant aux rocs de la plage ;
    La sueur baignait mon visage,
Et je sentais courir le frisson dans mes os.
Tantôt l'orgue roulait la note monotone,
Tantôt rauque il enflait les trompettes d'airain ;
Et mon cœur palpitait comme un voile de lin
    Agité par le vent d'automne.

Soudain tout expirait... Alors de doux accents.
    Hymnes d'amour et de mystère,
    Et tels que jamais sur la terre
Souffle embaumé de fleurs ne parfuma nos sens ;
Échos lointains du ciel et de ses divins charmes,
Semblaient percer l'espace et rayonner sur nous ;
Je me sentais faiblir, je tombais à genoux
    Et mes yeux se mouillaient de larmes.

Salut, trône de Dieu, demeure des élus,
    Gloires de la vie éternelle !
    Salut Sion, cité nouvelle,
Divin parvis ouvert au juste qui n'est plus !
Je vois les séraphins aux ailes flamboyantes
Toucher les cordes d'or des harpes de saphir ;
La vapeur des parfums d'Ecbatane et d'Ophir
    Monte en colonnes ondoyantes.

Tout à coup l'hosanna résonne dans les airs;
   Le monde a tremblé dans l'espace...
    Il vient! c'est lui! c'est Dieu qui passe,
En étendant la main d'en haut sur l'univers.
Les chérubins courbés comme au vent les pervenches,
Enivrés d'un bonheur qui ne finira pas,
Contemplent en tremblant la trace de ses pas,
   A l'ombre de leurs ailes blanches.

Hosanna! gloire à vous, Dieu tout-puissant!... Et toi,
   Musique, voix des espérances,
   Consolatrice des souffrances,
Écho d'une autre vie en qui nous avons foi,
Répands sur nous l'éclat de ta sainte auréole;
Viens! viens, âme nouvelle, en nos âmes vibrer,
Prodiguant tes soupirs qui nous font tant pleurer,
   Et ton doux chant qui nous console.

Gloire à Dieu!... Mais déjà tous les chants ont cessé.
   Dans la nef aux sombres ogives,
   De l'orgue les notes plaintives
Roulent en s'éloignant comme un cri du passé.
Sous le portail ouvert le peuple à flots s'écoule;
La vision s'efface, et je ne vois aux cieux
Que le dernier rayon, glissant silencieux
   Sur les fronts courbés de la foule.

LE COIN DU CIMETIÈRE

Au coin du cimetière il est un tertre humide
Où, près d'un saule en pleurs, la fleur humble et timide
    Germe sur un sol consacré ;
J'y voudrais déposer une blanche couronne
Et dire au Rédempteur qui console et pardonne :
    Hélas ! mon Dieu ! j'ai bien pleuré !

Sur mon âme est tombé le voile des tristesses ;
J'implore en vain de vous, qui plaignez nos détresses,
    Un seul rayon dans mon ciel noir ;
Mon cœur endolori dans les larmes se noie,
Ma force est abattue et sous mon front tournoie
    Le vertige du désespoir ;

Car il s'est en allé l'ami de mon enfance,
L'ami de mon bonheur, l'ami de ma souffrance,
    Le compagnon de tous mes pas ;
Il est parti ! Pourtant du retour quand vient l'heure,
Je l'attends chaque soir, triste en notre demeure...
    Et je sais qu'il ne viendra pas.

Il est parti! mais c'est pour l'éternel voyage.
Par un beau soir d'automne, à la fleur de son âge,
  Il nous a légué son adieu ;
Son œil a resplendi d'une lumière étrange,
Comme un feu qui s'éteint... et son âme, jeune ange,
  S'est envolée au sein de Dieu.

Je le revois encor sur sa dernière couche ;
Un sourire divin illuminait sa bouche
  D'une auguste sérénité ;
Ses yeux, si mollement pressés par leur paupière,
Me semblaient éclairer sa face tout entière,
  Comme un reflet d'éternité.

Baisant avec respect sa tête fraternelle,
Je croyais ranimer, sous ma lèvre fidèle,
  Ce front blanc comme son linceul ;
Mais, hélas! ces baisers tout d'amour et de flamme,
Qui jadis confondaient mon âme avec son âme,
  N'avaient plus d'écho qu'en moi seul.

Je restais prosterné dans la funèbre enceinte,
Regardant tour à tour les cierges et l'eau sainte
  Où s'humectait un buis bénit ;
Et ce Dieu qui, du haut de sa croix tutélaire,
Accueille ensemble un roi qui périt grand sur terre,
  Un oiseau qui meurt dans son nid.

Et de mon frère alors contemplant la figure,
Je frémissais de voir l'humaine créature

Calme et pâle comme son Dieu.
J'aurais voulu prier, je n'eus point de prière;
J'aurais voulu pleurer, mais en vain; ma paupière
    S'agitait sur mon œil en feu.

Hélas! on sent parfois de ces douleurs brûlantes,
Qui dessèchent le sein comme des flammes lentes,
    Où l'on implore du Seigneur
Une larme, fût-elle unique et bien amère,
Comme en des temps plus doux, au Seigneur moins sévère
    On demanderait le bonheur.

. . . .

Je pus enfin pleurer! et mon âme ravie
Rouvrait derrière moi ce sillon de ma vie
    Par la faux du Temps effacé.
Je retournais glanant les fleurs de ma jeunesse,
Tristes et seuls débris d'une moisson d'ivresse,
    Épars dans le champ du passé.

J'évoquais ces beaux jours de notre heureuse enfance,
Que le souvenir vague, à défaut d'espérance,
    Peuplait de rêves séduisants;
Songe consolateur venu d'un autre monde,
Je revoyais l'enfant, avec sa tête blonde
    Et son teint rose de dix ans. •

Et nous courions tous deux, dans les vertes allées,
Après les papillons aux ailes constellées;

Je tenais sa main dans ma main,
Partageant avec lui d'enfantines caresses,
Lui souriant du cœur, et nos jeunes tendresses
    Interrompaient notre chemin.

Bientôt nous défiant à la course légère,
Nous volions au logis, où notre heureuse mère
    Nous tendait les bras sur le seuil;
Nous joûtions de baisers sur ses lèvres chéries...
Oh! les beaux souvenirs, les douces rêveries!
    Et je rêvais sur un cercueil!

Au coin du cimetière il est un tertre humide
Où, près d'un saule en pleurs, la fleur humble et timide
    Germe sur un sol consacré.
J'y voudrais déposer une blanche couronne
Et dire au Rédempteur qui console et pardonne :
    Hélas! mon Dieu! j'ai bien pleuré!

INVOCATION DANS L'ORAGE

Ils s'avancent les noirs orages !
Leurs tumultueux tourbillons
Courbent, dans leurs puissantes rages,
L'arbre comme un blé des sillons.

Avec les branches fracassées,
Avec les feuilles dans les airs,
Je fuis, sur l'aile des pensées,
Jusqu'aux nuages gros d'éclairs.

Seigneur ! quelle terrible guerre
A troublé le calme des cieux ?
Pourquoi ce fracas du tonnerre
Et ces éclairs silencieux ?

Pourquoi livrés au vent qui gronde
Ces nuages voilés d'horreur,

4.

Semblent-ils passer sur le monde,
Comme des anges de fureur?

Quelle est donc la fière victime
Que vous châtiez aujourd'hui?
Quel est donc l'être assez sublime
Pour que vous tonniez contre lui?

Peut-il être une créature
Si grande devant vous, mon Dieu,
Que vous creusiez sa sépulture
Par ces rouges sillons de feu?

Dieu fort! sans peur je vous admire,
Tandis que l'univers entier
Subit en tremblant votre empire,
Esclave qu'on va châtier!

Tandis que la sombre tempête
Gronde et rugit autour de moi,
Rempli d'une vigueur secrète
Je marche appuyé sur la foi.

Pourquoi, Seigneur, lorsque tout plie
De l'herbe au chêne foudroyé,
Devant vous quand tout s'humilie,
L'homme seul n'a-t-il pas ployé!

Devant ces triangles de flamme
C'est qu'il vous voit, c'est qu'il vous sent.

Il écoute au fond de son àme
L'écho du concert tout-puissant ;

Et quand l'arbre, en sa frêle écorce,
S'est courbé sous votre courroux,
Si l'homme s'exalte en sa force,
C'est que son âme vient de vous.

UNE

PENSÉE DE JOSEPH DROZ

SONNET

Jadis quand je voyais une croix au passage,
Dans un bois, sur la route, au bord d'un frais enclos,
Je me disais : Pourquoi d'un riant paysage
Par un signe de mort attrister les tableaux ?

Plus tard je vis la mer. La croix sur le rivage
M'apparut ; je compris alors, au bord des flots,
Debout sur les récifs que l'Océan ravage,
La croix parlant d'espoir au cœur des matelots.

Je reviens aux vallons que j'aimais, et je rêve
Que la plus belle fleur souvent cache un cercueil,
Et que l'orage gronde ailleurs que sur la grève.

Dans le sentier champêtre ou sur le noir écueil,
Partout où peut venir prier une âme en deuil,
O croix du Rédempteur, béni soit qui t'élève !

PRIONS

Dans une vieille église, aux approches du soir,
Quand la foule a cessé d'inonder les portiques,
Lorsque déjà se mêle une teinte de noir
Aux reflets éclatants des verrières gothiques,
Quand, tremblant d'éveiller les échos endormis,
Dans la nef assombrie on marche sans secousse ;
Quand, seul, près d'un pilier à genoux on s'est mis,
Ma Mère, n'est-ce pas que la prière est douce ?

C'est au déclin du jour que j'aime le saint lieu ;
Nul importun ne vient y troubler la prière,
Et sans crainte l'on peut, seul à seul avec Dieu,
Dévoiler en pleurant son âme tout entière.
Les larmes qui du cœur adoucissent le fiel,
Les soupirs douloureux que dans l'ombre l'on pousse,
Comme le pur encens s'élancent vers le ciel.
Ma Mère, n'est-ce pas que la prière est douce ?

Prions, Mère, prions pour ceux qui ne sont plus,
Pour ceux plutôt qui sont dans ce lieu de misère ;
Car il est du bonheur au ciel pour les élus,
Et toujours le soleil est pâle sur la terre.
Prions, Mère, prions ; car tous ont leurs douleurs ;
Sur les plus durs rochers est la plus belle mousse ;
L'aspic aime à cacher sa tête sous les fleurs.
Ma Mère, n'est-ce pas que la prière est douce ?

DESTINÉE

Tel qui fut respecté par toutes les mitrailles,
Qui dormit soixante ans sur l'affût d'un canon,
Expire dans la paix loin du bruit des batailles,
Ne laissant après lui qu'une épée et qu'un nom.

Telle autre, jeune fille et vierge entre les vierges,
S'endort à son matin près d'une mère en deuil,
Sans avoir resplendi plus longtemps que les cierges
Par de pieuses mains brûlés sur son cercueil.

Tel autre encor, vieux prêtre ignoré de la terre,
Du pauvre et du souffrant partagea le lien ;
Il meurt ! et sur sa tombe une croix solitaire
Dit à peine au passant : Il fut homme de bien !

C'est ainsi que la mort nous prend l'un après l'autre ;
Toujours inattendue, elle frappe à son tour
Le vieillard ou l'enfant, le profane ou l'apôtre,
Et fuit sans annoncer l'heure de son retour.

Mais sitôt qu'a sonné l'instant irrévocable,
Ce monde est comme un pré que Dieu livre à ses mains ;
Et sur nous étendant sa faux impitoyable,
Comme des tiges d'herbe elle abat les humains.

HYMNE PENDANT L'AVENT

Statuta decreto Dei.

Voici venir le temps marqué par les prophètes,
Le temps que l'univers d'âge en âge attendit ;
Voici venir le jour de la joie et des fêtes,
    Le jour longtemps prédit!

Enfants déshérités d'un père trop coupable,
Sur le lit des douleurs souffrant un long remords,
Nous gisons, foule aveugle, inerte et misérable,
    Dans l'ombre de la mort.

Comme un fruit corrompu qui vacille et qui tombe,
Du péché primitif portant le joug de fer,
Fils d'Adam, nous passons des terreurs de la tombe
    Aux tourments de l'enfer.

Dans l'attente du Dieu, dans la crainte du juge,
Nos cœurs sont agités, nos yeux baignés de pleurs.

5

Hélas! où rencontrer le suprême refuge
  Contre tant de douleurs?

Qui pourra, sur le mal, poser une main sûre?
Qui combattra la mort? Qui rompra son linceul?
Qui de l'humanité guérira la blessure?
  Toi, Fils de Dieu, toi seul!

Cieux, ouvrez-vous; versez les trésors de vos ondes,
Abreuvez les humains altérés de ferveur!
Toi, terre, épanouis tes entrailles fécondes
  Et germe ton Sauveur!

DANS LE BOIS

La matinée est tranquille,
Le grillon chante aux guérets,
Et le bois offre un asile
Où l'existence est facile,
Où l'air est limpide et frais.

On entend sous chaque tige
Un confus bourdonnement ;
C'est l'insecte qui voltige,
La fourmi qui se dirige
Et travaille activement.

Sous l'ombrage un oiseau passe,
Il se cache et reparaît ;
Il lance un chant dans l'espace,
Et le suspend avec grâce,
Puis se perd dans la forêt.

La brise s'élève et glisse
Dans le bois silencieux,

Qui s'agite avec délice ;
La fleur ouvre son calice
Et l'insecte est plus joyeux.

Aucune voix n'est bannie
De ce doux concert des bois.
Tout ajoute une harmonie,
A cette hymne indéfinie
Que chantent toutes les voix.

Depuis le cri dans les herbes
De quelque insecte joyeux,
Jusqu'au bruit des chars superbes
Qui rentrent chargés de gerbes
En grinçant sur leurs essieux,

Depuis la cloche fidèle
De quelque hameau lointain,
Jusques au troupeau qui bêle,
Et dont la clochette grêle
Jette un murmure argentin,

Rien n'est vain, rien n'est frivole,
Dans cet hymne universel ;
Tout ajoute une parole
Au mystérieux symbole
Que la terre adresse au ciel.

Spectacle heureux qui dispose
Notre âme au calme profond !

Ici vivre est douce chose :
Ce bruit agreste repose
Du bruit que les hommes font !

Cette nature féconde
Sous le ciel limpide et bleu,
Ce calme où la vie abonde,
C'est la prière du monde
Sous un sourire de Dieu.

Les Hâtes, 20 août 1837.

5.

LA FLEUR BRISÉE

SONNET.

Quand un orage a passé sur la terre,
Quand l'eau du ciel dégoutte de nos toits,
Quand des échos la résonnante voix
Répète encor les éclats du tonnerre ;

Séchant son aile à la plume légère,
Déjà l'oiseau vole et chante à la fois,
Et le soleil qui brille sur les bois
Sème de feux leur cime solitaire.

Mais l'humble fleur, qui s'est brisée au vent,
N'offrira plus au soleil décevant
Sont front terni, qui se dessèche et ploie.

Autour de moi tout redevient heureux.
Pourquoi, douleur, ouragan désastreux,
Comme une fleur, as-tu brisé ma joie ?

L'ANGÉLUS DE MAI

HYMNE A LA VIERGE.

Il est midi ; la brise est douce et pure,
Le champ verdit, le bois est parfumé,
Le ciel rayonne, et toute la nature
Sourit en paix au plus beau jour de mai ;
    La rapide hirondelle,
    Vers son nid familier
    Volant à tire-d'aile,
Revient porter bonheur au toit hospitalier.

Entendez-vous ? là-bas, dans les vallées,
Dans ces clochers qui montent vers les cieux.
L'Angélus tinte, et ses lentes volées
Donnent une âme à ce monde joyeux.
    Votre mois, ô Marie,
    Brille d'atours naissants ;
    Le monde entier vous prie :
Mère du Dieu sauveur, écoutez ses accents !

La fleur qui naît se dresse sur sa tige ;
Elle ouvre au jour son calice de miel.
Frêle encensoir, vers vous elle dirige
Tous les parfums que lui donna le ciel;
     Et, pareille à la mère
     Qui meurt pour ses enfants,
     Elle livre, éphémère,
Dans l'espoir d'un doux fruit, ses pétales aux vents.

Le grain caché sous la glèbe entr'ouverte,
De l'univers ressentant le réveil,
Fait onduler sa chevelure verte
Et vous bénit dans les feux du soleil.
     La misère est profonde,
     Vos fils sont accablés ;
     Que votre amour féconde
La prière en nos cœurs et le grain dans nos blés!

Le vieux faucheur, sur la tige odorante
Du trèfle vert coupé dans le sillon,
Pour vous prier pose sa faux vibrante,
Et le berger se tait dans le vallon.
     Tout le troupeau se couche
     Sur le sol reverdi,
     Et le taureau farouche
Appelle en mugissant le repos de midi.

Sur les coteaux la chanson des faneuses
Naguère encor retentissait au loin.
L'Angélus tinte; et, dans leurs mains pieuses,

Les longs râteaux n'agitent plus le foin.
 Chaque tête s'incline
 Et mille voix en chœur,
 A vous, reine divine,
Adressent leur prière avec l'élan du cœur.

Dans ses parfums comme dans son ramage,
La fleur des champs comme l'oiseau des bois,
Tout se confond pour un suave hommage,
Et l'univers n'a qu'une seule voix.
 Vous êtes, Vierge sainte,
 Le vœu, l'espoir, le but;
 A la cloche qui tinte
Tous les cœurs ici-bas vont répondant : « Salut ! »

« Salut, Marie ! amour, bonheur des âmes !
Le Tout-Puissant, du haut de l'infini,
Vous a bénie entre toutes les femmes,
Et Jésus-Christ, votre enfant, est béni.
 Priez pour nous, Marie,
 Mère du Dieu sauveur ;
 Priez pour qui vous prie,
Puis, au jour du trépas, priez pour le pécheur ! »

LA TRISTESSE DE MARIE

SONNET

INSPIRÉ PAR UN TABLEAU DE M. J. BOILLY.

Vierge sainte, pourquoi tandis que tu t'inclines
Vers le berceau du fils qui s'éveille à ta voix,
Tes yeux sont-ils pensifs et sur tes mains divines
Des pleurs mal retenus tombent-ils quelquefois?

Dans l'avenir lointain peut-être tu devines
Le Golgotha sinistre, et peut-être tu vois
Cet enfant au front calme, aux couleurs purpurines,
Pâle, entre deux larrons cloué sur une croix.

Élève tes regards vers un ciel plus prospère,
O Vierge! et tu verras le trône révéré
Où ton fils doit s'asseoir à la droite du Père,

Le trône où retentit déjà ce mot sacré :
« Venez à moi, vous tous dont le cœur désespère,
« Vous qui versez des pleurs, je vous consolerai! »

VIOLETTE BLANCHE

Frêle violette aux fleurs blanches,
Qui sembles pleurer et te penches
Dans la verdure d'un tombeau,
Quand tu resplendis arrosée
Des diamants de la rosée,
Que ton éclat est pur et beau !

Mais pourquoi ta corolle aimée
Germe-t-elle plus parfumée
Dans le froid vallon des douleurs?
Pourquoi le champ de sépulture
D'une si brillante verdure
Te couronne-t-il sous nos pleurs?

Sans doute c'est pour dire aux hommes
Que cet univers où nous sommes
Est un lieu d'espoir seulement;
Qu'au séjour de la vie éteinte,
Le Seigneur sème sans contrainte
Tant de fraîcheur et d'ornement.

Germe, germe, pauvre fleur blanche,
Sous chaque larme qui s'épanche,
Et sous chaque goutte du ciel !
Je viendrai pleurer sur ta tige,
Où le papillon bleu voltige,
Où l'abeille amasse son miel.

Je viendrai gémissant me mettre
A genoux sous la croix de hêtre,
Sous le Christ, aux bras étendus ;
Et mes larmes, dans le silence,
Couleront à la souvenance
De tous les biens que j'ai perdus.

LIVRE DEUXIÈME

.... Et in Domino sperans non infirmabor.

PSALM. XXV., v. 1.

Seul, au sein du désert et de l'obscurité,
Méditant de la nuit la douce majesté;
Enveloppé de calme et d'ombre et de silence,
Mon âme, de plus près, adore ta présence;
D'un jour intérieur je me sens éclairer
Et j'entends une voix qui me dit d'espérer.

LAMARTINE. (*Méditations.*)

ESPÉRANCE

A MA MÈRE.

Pourquoi suis-je triste, ô ma Mère,
Triste lorsque tu m'aimes tant?
C'est que la vie est bien amère;
C'est que je veux vivre pourtant.

Pourquoi Dieu, qui pèse en silence
Nos jours, mystérieux fardeaux,
A-t-il jeté dans la balance
Si peu de biens et tant de maux?

Dans ce corps, fils de la poussière,
Que le temps dispute à la mort,
Pourquoi retient-il prisonnière
L'âme courbée avec effort?

Quand, à la captive immortelle,
La joie ici-bas fait défaut,

Je sens qu'elle entr'ouvre son aile
Et voudrait s'envoler là-haut.

Et si quelque douce chimère
L'arrête en sa captivité,
Toujours l'apparence éphémère
Meurt devant la réalité !

Toujours l'avenir qu'on envie
N'est que le regret du passé !
S'il est un but à notre vie,
Où l'Éternel l'a-t-il placé ?

Comme les rameurs dans leur barque,
Forcés d'aller à reculons,
Ne sachant pas quel but nous marque
Celui qui nous a dit : Allons !

Avides de la destinée,
Nous ramons encore et toujours,
Usant, dans la lutte acharnée,
Travaux sur travaux, jours sur jours.

Parfois l'oiseau de la tempête,
De l'aile nous rase en courant;
Sans pouvoir détourner la tête,
Nous hâtons notre esquif errant.

Là-bas, là-bas, fuit, dans la brume,
Le port depuis longtemps quitté,

Là quelque rocher blanc d'écume,
Qu'en passant nous avons heurté.

Là, quelque île brillante et belle
Où nous voudrions revenir,
Et qui ne nous a laissé d'elle
Qu'un regret et qu'un souvenir.

Là, quelque vague qui tournoie,
Roulant des restes sans couleurs,
Pâles débris de notre joie,
Dépouilles qui furent des fleurs.

Autour de nous, vaste et profonde,
La mer monte à flots ruisselants,
Et dans cet Océan qui gronde,
Qui de la nef ronge les flancs,

Le flot dit au flot qui l'entraîne :
« Que nous courons vite mourir ! »
La vague à la vague prochaine
Répond : « Vivre peu, moins souffrir ! »

Heureux lorsque, sœur de notre âme,
Une âme avec nous vient s'asseoir,
Et tirant à la même rame,
Murmure un même chant d'espoir.

Vers la rive où tend notre flotte,
En aveugles nous voguons tous,

6.

Demandant sans cesse au pilote :
« Maître, où donc nous conduisez-vous? »

Malgré nos pleurs, malgré l'orage,
Gardant son secret éternel,
Impassible il suit son voyage,
Dans un silence solennel.

Mais, sur la poupe, l'Espérance
Debout, souriant au travail,
Nous dit : « La crainte est une offense,
C'est Dieu qui tient le gouvernail! »

A LA NORMANDIE

O terre! ô souvenir de mon âme ravie,
  Toi qu'en mes songes j'entrevois!
Terre, où mon œil, enfant, aux splendeurs de la vie
  S'ouvrit pour la première fois!

Terre, où je m'éveillai de mon sommeil sans rêve,
  Sur les rivages du néant,
Ainsi qu'un naufragé sur la lointaine grève
  Où l'a déposé l'Océan.

Terre, où souvent bercé d'une douce chimère,
  Bercé sur le sein maternel,
Je crus, dans le sourire et les yeux de ma mère,
  Voir un rayon de l'Éternel!

Terre, où mon cœur goûta le miel de la tendresse
  Et l'amertume des douleurs,
Dont l'écho répéta mes premiers chants d'ivresse,
  Dont le sol but mes premiers pleurs!

O patrie! en allant jusqu'où va la poussière
    De notre frêle humanité,
En allant aussi loin que s'étend la frontière
    Des jours et de l'immensité,

O patrie! où jamais trouver une contrée,
    Un Éden aussi doux que toi,
Un ciel pur, dont l'aspect à mon âme enivrée
    Donne autant d'espoir et de foi?

Nulle part il n'existe, au penchant des collines,
    Plus d'ombre et d'herbe pour s'asseoir,
Plus de bois verdoyants, plus de fleurs sans épines,
    Plus de parfums dans l'air du soir.

Que pour d'autres climats l'hiver ait moins de glace
    Et moins de brume dans les cieux;
Que leur soleil d'été rayonnant dans l'espace,
    Ignore les jours pluvieux!

A toi le vert printemps, ma chère Normandie;
    A toi ses brillantes couleurs,
L'émail de ses gazons et sa brise attiédie;
    A toi les pommiers tout en fleurs!

Laisse le vent d'été semer sur la pelouse
    Ta fraîche parure d'un jour,
Pareille au bouquet blanc qui, du front de l'épouse,
    Tombe au premier baiser d'amour;

Car l'automne revient, d'une moisson vermeille,
    ●   Couronner tes champs et tes prés;
Car le fécond octobre enrichit ta corbeille
    Des fruits que juillet a dorés.

O vallons verdoyants où serpente la Seine,
    Frais coteaux, fertiles guérets!
Puissé-je, ô mon pays! fuir la tempête humaine
    Dans tes champs et dans tes forêts!

Près du fleuve limpide assis avec ivresse,
    Comme autrefois puissé-je voir
Chaque étoile du ciel de ma belle jeunesse
    Se refléter dans son miroir!

Rêvant comme autrefois au coin d'un bois sauvage,
    Heureux de mon bonheur passé,
Puissé-je des beaux jours de mon pèlerinage
    Revoir le chemin effacé!

Et là, sous tes pommiers, aux rameaux blancs et roses,
    Sur tes gazons verts que j'aimai,
Rendre mon âme à Dieu, comme tes fleurs écloses,
    Qu'emportent les zéphyrs de mai!

MON BEAU SONGE

Bel ange à l'aile dorée,
A la prunelle azurée,
Bel ange, que me veux-tu?
Pourquoi, sur mon chevet sombre,
Comme un feu follet dans l'ombre,
Ton vol s'est-il abattu?
Vers ma couche, où ton œil plonge,
Pourquoi venir quand tout dort?
Que me veux-tu, mon beau songe,
Mon beau songe aux ailes d'or?

Viendrais-tu de ma patrie,
De cette rive fleurie
Où s'égare, en longs détours,
La Seine à l'onde tranquille?
As-tu vu ma vieille ville,
Rouen, la ville aux cent tours?
Le souvenir, doux mensonge,
Souvent m'y reporte encor.

En viendrais-tu, mon beau songe,
Mon beau songe aux ailes d'or?

Dans la nuit et le silence,
M'amènes-tu souvenance
Des absents que je chéris,
M'amènes-tu la parole
Qui de leurs lèvres s'envole,
Quand j'occupe leurs soucis?
Lorsque la peine me ronge,
Leur tendresse est mon trésor.
Les as-tu vus, mon beau songe,
Mon beau songe aux ailes d'or?

Ou, des voûtes éternelles,
M'apportes-tu les nouvelles
Des amis qui ne sont plus?
Oh! que de fois dans mes veilles,
Vers ces célestes merveilles,
Vers ces mondes inconnus,
Où mon regard en vain plonge,
J'ai voulu prendre l'essor!
Viens-tu du ciel, mon beau songe,
Mon beau songe aux ailes d'or?

Prête-moi ton aile ardente.
Dans quelque nue éclatante
Je veux ouvrir mon chemin;
Je veux revoir ceux que j'aime,
Et monter jusqu'à Dieu même,

En te tenant par la main.
Viens ! vers l'avenir, prolonge
Notre impétueux essor.
Oh ! prête-moi, mon beau songe,
Prête-moi tes ailes d'or !

LE CHANT DU BERCEAU .

BALLADE.

Cher petit être,
Doux cœur fermé,
Qui viens de naître
Pour être aimé,
Frêle merveille,
Tout mon bonheur,
Sur toi je veille,
J'ai soin ! j'ai peur !
Pour toi ton bon ange
Priera le Seigneur.
Dors dans ton lange,
Dors sur mon cœur.

Clos ta paupière,
Enfant chéri ;
Mon cœur de mère
Tremble à ton cri.

7

Le sommeil passe
Sur tes beaux yeux ;
O qu'il te fasse
Revoir les cieux !
Pour toi ton bon ange
Y parle au Seigneur.
   Dors dans ton lange,
   Dors sur mon cœur.

Dieu prend lui-même
Dans son trésor,
Et, sur toi, sème
Les rêves d'or ;
Ton berceau frêle,
Voilé d'azur,
Te semble l'aile
D'un esprit pur.
C'est l'aile d'un ange
Priant le Seigneur.
   Dors dans ton lange,
   Dors sur mon cœur.

Le songe emporte
Ton cœur épris
Jusqu'à la porte
Du Paradis ;
La Vierge embrasse,
En ton sommeil,
Pleine de grâce,
Ton front vermeil ;

Porté par ton ange,
Tu vois le Seigneur.
 Dors dans ton lange,
 Dors sur mon cœur.

Le ciel te crie : ·
« Cœur ingénu,
« Dans ta patrie
 « Sois bienvenu!... »
Songe funeste!
Enfant ; si Dieu
 Te disait : « Reste
 « Dans mon ciel bleu ! »
Reviens, ô mon ange!
Reviens, car j'ai peur!
 Dors dans ton lange
 Dors sur mon cœur.

Mais tu t'éveilles,
Sans pleurs, sans cris ;
Tu m'émerveilles
Par un souris.
Joyeux du rêve,
 Ton grand œil noir
S'ouvre et s'élève
 Pour mieux me voir.
Enfant, ton bon ange
A prié pour toi.
 Sors de ton lange
 Et souris-moi.

CHEMIN DANS LES BLÉS

Au milieu des blés, dans la plaine,
Je retrouve encor le chemin
Où nous pouvions passer à peine,
Tous deux, nous tenant par la main.

Les seigles jaunissants balancent
L'épi qui penche bientôt mûr;
Entre chaque sillon s'élancent
Des fleurs d'or, de pourpre et d'azur.

Le bourdonnement des abeilles,
Dans l'air cadencé mollement,
Réjouit de loin les oreilles,
Par son léger bruissement.

A travers la moisson mouvante,
Passe un peuple de moucherons;
La sauterelle, herbe vivante,
Y franchit les verts lizerons.

Les papillons, dans leurs batailles,
Vont s'y poursuivant tour à tour ;
Et le chant saccadé des cailles
Y parle de joie et d'amour.

Dans la plaine que l'été dore,
Moi seul je vais triste et rêvant,
Ici même, où, naguère encore,
Heureux, je riais si souvent.

Cependant la campagne est belle ;
La brise m'apporte, des bois,
Un parfum que juin renouvelle,
Pur comme il était autrefois.

Sous la moisson que Dieu nous donne,
Chantent les oiseaux des guérets,
Et, sans penser aux jours d'automne,
Grandit l'ombrage des forêts.

Sois brillante, ô belle nature !
La main puissante du Seigneur,
Qui t'ôte et te rend ta parure,
Ne m'a pas rendu mon bonheur.

Adieu les jours où, plein de joie,
Avec un frère que j'aimais,
Dans les blés j'ai suivi la voie
Que je parcours seul désormais !

7.

J'entends la cloche villageoise
Lentement sonner l'angélus ;
Voici le vieux clocher d'ardoise,
Qu'ensemble nous ne verrons plus !

Là, sous les arbres de la haie,
Se blottissait le toit obscur,
Où, dans notre gaîté si vraie,
Nous nous aimions d'un cœur si pur.

D'autres possèdent à cette heure,
Les grands arbres, le frais enclos ;
Qu'ont-ils donc fait de la demeure
Où chantaient nos beaux jours éclos ?

Ils ont détruit la maison blanche :
Murs chéris, ils vous ont brisés !
Le nid est tombé de la branche,
Et les oiseaux sont dispersés.

Pourtant, au fiel que l'heure apporte,
Quelque miel est encor mêlé ;
Nul ne franchira plus la porte
Par où l'enfant s'en est allé.

Jamais personne, sur la terre,
N'emplira d'un rire joyeux
La pauvre chambre solitaire,
Où l'enfant a fermé les yeux.

Adieu, demeure hier sacrée,
Qu'un souvenir en vain défend !
Je ne veux rien, dans la contrée,
Que pleurer sur toi, cher enfant !...

Me voici dans le cimetière,
Seul, à genoux ! — N'entends-tu pas
Ton doux nom qu'avec ma prière,
Je prononce en pleurant tout bas?

Par ces baisers, que je dépose
Sur le sol de larmes mouillé,
De ta bouche, autrefois si rose,
Le sourire est-il réveillé?

Non ! la tombe, froide et muette,
Garde son silence cruel ;
Et seule, en chantant, l'alouette
Semble porter ma plainte au ciel.

Là, bien longtemps je me recueille,
Songeant au bonheur épuisé,
Et je n'emporte qu'une feuille,
Qu'une feuille et mon cœur brisé.

Au jardin de ta sépulture,
Laissons la rose aussi mourir ;
N'enlevons aucune parure ;
J'ai bien assez du souvenir !

Mon cœur est pareil au lieu sombre,
Et couvert de fleurs où tu dors ,
Au dedans la tristesse et l'ombre,
Quand le sourire est au dehors.

La Vaupalière, 17 juin 1841.

SOUS LES LILAS

Sous ces lilas à l'odeur fraîche et douce,
Que le vent aime à caresser,
O mes rêves chéris, à l'ombre, sur la mousse,
Venez lentement me bercer !

Vers moi l'arbuste incline son panache,
Qui fuit et revient tour à tour ;
A chaque fleur éclose un insecte s'attache,
Mille autres voltigent autour.

Les papillons aux ailes diaprées,
Les abeilles, filles du ciel,
Et les moucherons bruns, et les guêpes dorées,
Y butinent les sucs du miel.

Lorsqu'ils s'en vont ainsi par le feuillage,
Oublieux du dernier hiver,
Que bourdonnent-ils donc en leur joyeux langage,
Ces frêles habitants de l'air ?

Ils disent tous : — « Allons ! la vie est belle ,
Le plaisir est l'unique soin ,
Voltigeons dans l'air pur, aimons la fleur nouvelle :
Le ciel est beau , l'hiver est loin.

« Les marronniers ouvrent leurs grappes blanches
Et leurs feuilles en éventail ;
Les frais pommiers pour nous ont, sur leurs vertes branches
Mêlé la nacre et le corail.

« Les cerisiers sèment au vent leur neige,
Qui vole embaumant les sillons ;
Avec ses flocons blancs , vif et brillant cortége,
Jouons-nous , légers papillons.

« Dans les vallons où gazouillent les merles ,
Où le ciel a moins de chaleurs ,
Pour nous la brume flotte et se condense en perles ,
Dans les calices d'or des fleurs.

« Vivons heureux de ce que Dieu nous donne ;
Poursuivons notre gai chemin ;
Et qu'importe aujourd'hui, quand le soleil rayonne ,
L'orage qui viendra demain ! »

UNE JEUNE FEMME

QUI TENAIT SON ENFANT DANS SES BRAS.

A MADAME ANTOINETTE P***

Il est de ces fraîches figures,
Belles d'une candeur qu'on ne peut définir,
De ces apparitions pures
Dont l'image sourit à notre souvenir.

J'ai vu tantôt, à la fontaine,
Une mère tenant son enfant dans ses bras;
De sa cruche déjà trop pleine
L'eau débordait, brisée en scintillants éclats.

Mais qu'importaït l'eau renversée!
Elle était tout entière à son petit enfant.
A lui son unique pensée,
A lui son tendre amour, son regard triomphant,

A lui son plus charmant sourire,
A lui ces mots du cœur, si frais, si gracieux,
Et que les mères, pour les dire,
Ont empruntés sans doute au langage des cieux.

Je la voyais, d'amour éprise,
Couvrir de cent baisers tantôt ses blonds cheveux,
Tantôt sa bouche de cerise,
Et sa joue arrondie et ses deux grands yeux bleus.

Puis soudain, avec raillerie,
Pour le mieux agacer faire mille détours,
Retirer sa lèvre chérie,
Et détourner la tête et sourire toujours,

Tandis que, vers la fugitive,
Le gracieux enfant, l'enfant aux cheveux d'or,
Rapprochait sa face naïve
Et ses petites mains pour l'embrasser encor.

O vous qui, près de la fontaine,
De la cruche pesante oubliant le fardeau,
Ne pensiez pas que l'heure entraîne
Le temps qui toujours passe et fuit comme votre eau,

Je vous enviais, jeune mère !
Je disais : Tous ces biens qu'ici-bas l'on chérit
Ne sont-ils pas une chimère,
Quand on a comme vous un enfant qui sourit ?

Un bel enfant au teint de rose,
Candide séraphin béni de l'Éternel,
Et dont l'âme, nouvelle éclose,
S'ouvre, comme une fleur, à l'amour maternel?

Lorsque sur votre sein qu'il presse
Vous voudriez pouvoir le fixer sans retour,
Et, pour l'enivrer de tendresse,
Mettre tout votre cœur dans un regard d'amour,

Alors votre beauté rayonne,
Alors vous ressemblez aux tableaux du saint lieu,
A ces tableaux où la Madone,
Dans sa sérénité, sourit à l'Enfant-Dieu.

Mais son front fatigué se penche,
Son œil à demi clos lutte avec le sommeil;
Laissez, sur votre épaule blanche,
Reposer mollement son visage vermeil.

Qu'il dorme, calme et sans envie,
Lorsque le ciel encore est doré devant lui;
Plus tard l'horizon de la vie
Ne sera plus brillant et pur comme aujourd'hui.

Jamais le sommeil qui l'oppresse
Ne lui sera si doux au séjour des humains,
Qu'ainsi bercé d'une caresse,
Le front sur votre épaule et les pieds dans vos mains.

Les anges, dans un météore,
Planent en souriant et lui jettent des fleurs,
Plus tard, s'ils reviennent encore,
Ils reviendront, hélas ! pour essuyer ses pleurs !

LES OISEAUX DE PASSAGE

Avant l'heure où le jour décline,
Viens avec moi sur la colline;
Viens avec moi, nous serons seuls.
Le soleil est brillant encore.
On dirait que c'est lui qui dore
Les cimes jaunes des tilleuls.

Mais déjà le vallon, dans l'ombre,
S'enveloppe d'un brouillard sombre,
Humide linceul des hivers;
Déjà les feuilles desséchées;
L'une après l'autre détachées,
Tapissent les gazons moins verts.

Vois-tu les oiseaux de passage,
Dans nos bois dépouillés d'ombrage
Rassembler leur essaim mouvant?
Ils vont partir avec l'automne;

Leur chant plaintif et monotone
Se mêle au murmure du vent.

Ils sont tristes comme la terre,
Ou comme ton cœur solitaire
Par tant de douleurs abattu.
« O Dieu! disent-ils dans leur plainte,
Où nous entraîne ta voix sainte?
Sur quels bords nous appelles-tu?

« O Dieu! nous quittons avec peine
Le grand bois et la vaste plaine :
Là, nous avons connu le jour;
Là, sur l'aubépine nouvelle,
Nous avons essayé notre aile
Et chanté notre jeune amour.

« Là nous avons, sous l'ombre douce,
Entrelacé le nid de mousse
Que tu nous appris à bâtir.
L'arbre dans sa branche élevée
Berça notre frêle couvée....
Et voilà qu'il nous faut partir !

« Qu'elle était belle, la Patrie,
Avec sa couronne fleurie,
Son manteau vert et son ciel pur;
Quand au matin l'aube superbe
Versait en diamants sur l'herbe
La rosée et les fleurs d'azur !

« Ou quand la reine des étoiles,
La Nuit semait sur ses longs voiles
Des myriades de clartés,
Jusqu'à l'heure où la jeune Aurore
Venait nous convier encore
A de nouvelles voluptés.

« Aujourd'hui la rose est flétrie ;
Au frais zéphyr, dans la prairie,
Ont succédé les froids autans ;
L'hiver èt son pâle cortége
Vont couvrir d'un voile de neige
Les atours fleuris du printemps.

« Que ferons-nous, troupe isolée,
Sur cette rive désolée?
Son horizon devient étroit ;
Chaque jou', dans son ciel de glace,
Son soleil pâlit et s'efface....
Comment chanter lorsqu'il fait froid?

« L'automne fuit, la feuille tombe,
Cette terre est comme une tombe ;
Mais Dieu, pour traverser les airs,
A donné la force à nos ailes.
Salut à vous routes nouvelles !
Salut, flots orageux des mers ! »

Ainsi la troupe fugitive
Gazouille son hymne plaintive ;

8.

Ainsi le signal est jeté.
En ordre elle gagne l'espace,
S'élève, se dirige, passe
Et se perd dans l'immensité.

Demain ils auront pour asile
Le myrte et l'oranger fertile,
Sous un ciel béni du Seigneur;
Demain l'herbe en fleurs et l'eau pure,
Demain la forêt qui murmure
D'un chant d'espoir et de bonheur.

———

Triste cœur, quand ta frêle joie,
Comme un roseau qui toujours ploie,
Cède aux désastres d'ici-bas,
Quand la douloureuse tempête
En gémissant sur toi s'arrête,
Espère encor, ne pleure pas.

L'oiseau qui traverse les ondes
Voit, au delà des mers profondes,
Sourire un pays paternel.
Au delà du dernier voyage,
Triste cœur, il est un rivage
Que dore un printemps éternel !

———

LA PLAINTE DE MILTON

O los of sight of thee I most complain !
Blind among ennemies. .
MILTON. *Samson.*

Guide du vieil aveugle, arrêtons-nous ici.
L'air plus vaste et plus pur paraît s'être éclairci ;
Il me semble, aux rayons qui baignent mon visage,
Que l'astre des jours plonge en un ciel sans nuage.
L'haleine du printemps éveille sous mes pas
Le frais parfum des fleurs que je n'aperçois pas ;
Ce chemin est couvert d'une herbe épaisse et douce ;
Je veux me reposer encor sur cette mousse,
Qui peut-être demain couvrira mon sommeil,
Et ranimer ma vie aux baisers du soleil.
Je respire !... je sens, tout pénétré de flamme ,
Le doux repos du corps : que n'en est-il pour l'âme?
Où sont-ils? où sont-ils, les jours de tendre émoi
Où le soleil de Naple étincelait pour moi,
Où je chantais, au bord des eaux de Blandusie :
« Allons, éveille-toi, ma jeune poésie,

« Reine de mes espoirs, étoile de mon ciel,
« Mon dernier bien trouvé, mon délice éternel !
« Allons, éveille-toi ! le matin se colore,
« La campagne sourit et nous appelle encore ;
« Le temps fuit; nous perdons les prémices du jour ! »
Et le jour rayonnait dans mes yeux pleins d'amour,
Et l'aurore montait sur ses ailes dorées,
Semant les sentiers verts de perles érythrées.

Et maintenant que suis-je? ô regrets du passé!
Quand ferez-vous la paix avec ce cœur lassé?
Et toi, le premier né, toi, le plus grand peut-être
Des biens que l'Éternel en six jours a fait naître,
Lumière, pour jamais éteinte dans mes yeux !
Avec toi, les beautés de la terre et des cieux,
L'aspect consolateur de la sainte nature
Ont disparu pour moi, fragile créature.
Plus vil qu'un ver qui rampe abject entre les vers,
Je suis au dernier rang dans ce vaste univers.
Si le ver rampe, il voit; et j'étouffe dans l'ombre!
Toujours, que le ciel brille, ou que la nuit soit sombre,
Toujours l'obscurité, partout l'obscurité,
L'obscurité profonde au sein de la clarté;
La vue à tout jamais est sans espoir éteinte!

O toi, première aurore! et toi, parole sainte :
« Que la lumière soit, et la lumière fut! »
Pourquoi me laissez-vous hors la loi de salut?
Pourquoi, si voir c'est vivre, et si l'âme incréée
Est la lumière aussi, la lumière sacrée,

Pourquoi, lorsque notre âme est partout dans nos corps,
Le regard, par lequel l'âme vit au dehors,
Le regard, ce rayon du ciel en notre argile,
Fut-il donc renfermé dans ce globe fragile,
Dans cet œil qu'un seul coup peut rompre ou détacher,
Et non épars en nous, ainsi que le toucher,
Pour que l'homme pût voir à travers chaque pore?
Je ne serais pas seul exilé de l'aurore,
Aveugle, enseveli dans ma nuit en mon deuil,
Comme un homme vivant qu'on mettrait au cercueil!
Et que dis-je? ô douleur! ô sort plein d'épouvante!
C'est moi qui suis ma tombe.... une tombe vivante!

Enterré, mais non pas délivré par la mort
Des outrages de l'homme et des tourments du sort,
Quand je marche, j'entends partout sur mon passage
S'élever, sans respect pour mes maux, pour mon âge,
Les sarcasmes moqueurs et les amers souris :
Le vieux républicain n'a droit qu'à des mépris.
Ils arment contre moi les âmes enfantines.
Ces enfants m'aimeraient, et leurs voix argentines
M'appellent de bien loin avec un ris cruel :
« Milton le régicide et l'ami de Cromwell! »

O retours de fortune! ô déplorable histoire!
Ils tournent en affront tout ce qui fut ma gloire.....
Mais que m'importe, enfin, ce que disent ou font
Ces hommes entraînés vers un néant profond,
Et ce siècle pour qui la mort déjà commence,
Goutte d'eau suspendue au bord du vase immense

D'où , sous la main de Dieu , coule l'éternité !

O poésie, enfant de la divinité ,
C'est à toi, c'est à toi que mon âme se livre !
Par toi j'aime, je vois, je recommence à vivre :
Viens ! ouvre-moi le ciel ; puis , dans ton vol de fer,
Fouille l'ombre visible où s'allonge l'enfer.
Dis quel serpent impur, en leur état prospère,
Excita la blonde Ève et notre premier père
A transgresser la loi du divin Créateur.
Montre-moi de Satan la hideuse hauteur ;
Satan, ruine sombre , à demi dévorée;
Qui, pendant neuf longs jours , de la voûte éthérée,
Tomba , de gouffre en gouffre, en l'abîme éternel,
Déchiré, confondu, brisé, mais immortel !

Que diront-ils un jour, les enfants de la terre,
Quand je leur rouvrirai cet Éden de mystère,
Par le soleil doré de rayons plus joyeux
Qu'un beau nuage au soir ou que l'arc pluvieux ;
Quand ils verront mon Ève amoureusement belle ,
Et le monde si beau s'effaçant devant elle ;
Quand je leur montrerai, de la terre et des cieux ,
Les charmes réunis en elle, dans ses yeux,
Remplissant tout Adam d'une joie inouïe,
Et sa grâce inondant la nature éblouie
De parfums pleins d'amour et de félicité,
De ces parfums divins qu'exhale la beauté !

Mais non ! à quelle gloire osé-je donc prétendre,

Et qui s'arrêtera seulement pour m'entendre?
Je dirai sans écho ma joie et mes regrets,
Comme l'oiseau de Dieu perdu dans les forêts,
Qui jette au vent sa voix que nul mortel n'écoute.
Mes chants inentendus se perdront sur ma route,
Car personne ne suit mon funèbre chemin.....
Personne !.... Ah ! quelle main a rencontré ma main?
J'avais calomnié la puissance suprême !...
Ann ! Mary ! Deborah ! mes chers enfants que j'aime,
Par vous j'existe encor. Quand j'entends votre voix,
Dans le fond de mon cœur je vous cherche et vous vois
Belles, pleines d'amour, ô mes anges sur terre !
Tant que vous aimerez l'aveugle solitaire,
Un sourire luira dans son œil épuisé,
Jusqu'à ce que son cœur soit tout à fait brisé !

LA MAISON PATERNELLE

A MON PÈRE.

En vain nous espérons jouir de notre vie
Et récolter un jour le champ ensemencé ;
Rarement de ses fruits la semence est suivie.
L'avenir vous dément, promesses du passé !

Un destin, envieux de ce que l'homme espère,
Nous pousse incessamment de séjours en séjours.
Il faut t'abandonner, demeure de mon père ;
C'est demain que je pars ; demain ! et pour toujours !

C'est demain que je pars, doux berceau de ma joie !
Pour la première fois je te contemple en deuil.
Mon cœur a tressailli ; mon genou cède et ploie ;
Je baise avec respect la pierre de ton seuil.

Je ne connaîtrai plus ni cette paix tranquille,
Ni ces jours d'autrefois, de mes jours les meilleurs ;

Tu fus de mon bonheur le témoin et l'asile ;
Pourrai-je maintenant être joyeux ailleurs ?

Tes gais festins, pour moi, n'abrégeront plus l'heure ;
Tu vas être désert, tu vas être vendu ;
D'un hôte indifférent devenu la demeure,
Tu n'auras plus d'écho pour mon cœur éperdu.

Si je reviens un jour dans la rue isolée,
Près du portail connu si je m'arrête un jour,
Si je sens de mes pleurs ma paupière voilée,
Si j'attends par instinct le baiser du retour,

Rien ne s'éveillera dans la maison muette ;
Du colombier désert les pigeons auront fui ;
Le possesseur nouveau de ma douce retraite
N'aura pas respecté ce qui n'est rien pour lui.

Tout sera différent ; car tout change sur terre.
Le vieux chien qui gardait le logis autrefois,
Lui-même ayant quitté le toit héréditaire,
Ne me recevra plus avec de gais abois.

Et, si je veux franchir encor la porte antique,
Sous le toit paternel étranger désormais,
Je ne m'asseoirai pas au foyer domestique
Maintenant délaissé de tous ceux que j'aimais.

Adieu donc pour toujours, demeure bien-aimée !
Adieu ! que l'Éternel protége tes lambris !

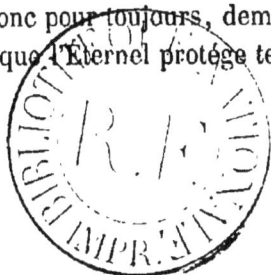

9

Pour répondre à ma voix tu parais animée,
Et ton écho plaintif semble m'avoir compris.

Adieu! sous tes pavés que je foule en silence,
Mon cœur ensevelit plus d'un cher souvenir;
Là gisent confondus tous mes beaux jours d'enfance,
Fleurs mortes au printemps, fruits tombés sans mûrir.

Et quand mon dernier pas aura pressé tes dalles,
Quand je m'éloignerai plein de trouble et d'émoi,
Je ne secoûrai point mes poudreuses sandales;
Ta mémoire à jamais sera sainte pour moi;

Car sous ton humble toit, qu'oubliait la tempête,
Enfant insoucieux, j'ai joui d'un passé
Que je revois de loin et sur la route faite,
Comme un vallon en fleurs par le ciel caressé.

Rouen, août 1839.

L'OASIS

A MA MÈRE

Dans la solitude brûlante
Quand l'Arabe dresse sa tente,
Il connaît, sous des cieux d'airain,
L'asile d'ombre et de verdure
Où Dieu garde une eau toujours pure,
Sur la route du pèlerin.

Là s'arrête la caravane,
Sous le palmier, sous le platane,
Près de la source aux fraîches eaux ;
De l'oasis l'hôte sauvage
Bénit l'arbre épais qui l'ombrage,
L'onde où s'abreuvent ses chameaux.

Le monde n'est-il pas semblable
A ces déserts où, sur le sable
Qui roule ses flots courroucés,

L'homme, créature légère,
Dresse une tente passagère
Sur la poudre des temps passés.

Parmi la caravane humaine,
Qui suit la route où Dieu la mène
Sous les feux d'un ciel dévorant,
Chaque fois que je prends ma course,
Je songe au palmier, à la source,
L'espoir du voyageur errant.

Ton cœur, ô ma Mère chérie!
Voilà mon oasis fleurie,
Source de sagesse et d'amour
A se répandre toujours prête,
Palmier qui protége ma tête
Contre la vive ardeur du jour.

Je veux garder mon doux ombrage.
Toi, qui commandes à l'orage,
O Dieu! défends l'arbre aux fruits d'or!
Soleil, qui dévores la plaine,
Ne dessèche pas la fontaine
Où je veux m'abreuver encor!

LE NOUVEAU-NÉ

Enfant! petit enfant, si charmant mais si frêle,
Qui nous contemplez tous d'un regard étonné,
Comme un petit oiseau qui ne connaît que l'aile
Et le duvet du nid dans lequel il est né;

Vous ne savez encor ce qu'on appelle vivre;
Vous acceptez l'aurore éclatante au matin,
Sans vous inquiéter du jour qui doit la suivre;
Car vous ne connaissez ni passé ni destin.

Déjà pourtant votre œil sourit à votre mère;
Vous la cherchez la nuit, vous la cherchez le jour;
De loin vous l'appelez par une plainte amère,
De près vous lui tendez les bras avec amour.

Déjà vous tressaillez de joie et de souffrance,
Et vous comptez pourtant moins de jours que de pleurs.
Les pleurs! Dieu les plaça dans les yeux de l'enfance,
Ainsi que la rosée au matin dans les fleurs.

9.

Pleurez, cher nouveau-né, pleurez toutes vos larmes,
Quand vos douleurs ne sont que des chagrins légers ;
Et qu'aux jours où la vie a de dures alarmes,
Le ciel calmé vous soit avare de dangers.

Que le temps soit pour vous la coupe aux doux breuvages ;
Que ce flot orageux, qu'on appelle les jours,
Coule pour vous limpide entre deux beaux rivages ;
Que nul souffle du nord n'en ternisse le cours.

Si pour vous je pouvais tracer la destinée,
J'ouvrirais devant vous de paisibles chemins ;
De bonheur en bonheur doucement promenée,
Chaque heure de ses dons surchargerait vos mains.

Mais pourquoi ? l'avenir vous berce et vous caresse,
Des sourires amis vous font un doux accueil,
Et le cœur maternel, ce foyer de tendresse,
Sous vos pas incertains éclairera l'écueil.

Et moi, que puis-je enfin, cher ange que j'adore?
Si ce n'est de sourire à votre front vermeil,
Et de prier pour vous et de redire encore
Ces chants qui berceront votre léger sommeil ;

Ces chants pour qui déjà le long oubli commence ;
Chants plus vite effacés qu'une ride sur l'eau,
Que le premier rayon qui, lors de la naissance,
D'un reflet fugitif dora votre berceau.

LE PREMIER PAPILLON

A peine le gazon qui reverdit la terre
S'est étoilé de fleurs au doux soleil de mai ;
Papillon, où vas-tu, sur ton aile légère,
Où vas-tu, frêle enfant du printemps embaumé ?

Les branches d'amandier sont nouvelles fleuries,
    L'hiver peut trahir notre espoir ;
La pervenche au matin ouverte en nos prairies
    Se fane au vent glacé du soir.

Aussi beau que les fleurs, aussi fragile qu'elles,
De pourpre et d'or, tout fier de tes jeunes atours,
Tu te livres sans crainte aux zéphyrs infidèles,
Et crois que le soleil doit briller tous les jours.

Lorsque je suis de l'œil tes ailes nuancées,
    Tes ailes, fleurs parmi les fleurs,
Je sens éclore en moi de suaves pensées,
    Des songes aux fraîches couleurs.

Songes ainsi que toi voltigeant dans l'espace,
Libres ainsi que toi de soucis importuns,
Plongeant avec bonheur dans l'air tiède qui passe,
S'enivrant d'avenir, comme toi de parfums.

Fils ailé du printemps et de l'odeur des roses,
        Tu n'es pas l'inconstant plaisir,
Qui, sans foi ni pudeur, effleurant toutes choses,
        Vole de désir en désir;

Ta vie est un symbole, un gracieux mystère,
Rêve réalisé qu'on retrouve au réveil;
Ton aile est un fragment du ciel tombé sur terre,
Un souffle coloré d'un rayon du soleil.

C'est l'emblème divin, c'est l'emblème de l'âme
        Qui me fait vivre et palpiter,
Et s'élançant vers ceux que ma tendresse enflamme,
        Même absents, ne peut les quitter.

Ame de feu, Psyché sainte et mystérieuse,
Parle de mon amour à ceux qui sont absents;
Va leur porter mes vœux, ma caresse pieuse,
Fais vibrer dans leur cœur l'écho de mes accents.

Vole, beau papillon, vole avec l'espérance,
        Vole au-devant de l'avenir;
Et dis-moi si tu vois, dans cet espace immense,
        Si tu vois le bonheur venir.

LE VIEUX GRAND-PÈRE

C'était un groupe plein de grâce,
D'amour et de naïveté.
Un bon vieillard que l'âge glace
Asseyait, d'un air attristé,
Une enfant vive de tendresse
Sur ses genoux vieux et tremblants,
Et mêlait à sa blonde tresse
L'argent pur de ses cheveux blancs.

Le soir était beau ; car l'automne,
Comme un printemps avant l'hiver,
Craignait d'effeuiller la couronne
De l'arbre encore ombreux et vert.
Dans la retraite solitaire
Où leur amitié s'unissait,
L'enfant écoutait son vieux père,
Et le bon vieillard lui disait :

« Mon enfant, fille de ma fille,
Viens-t'en sur mes genoux t'asseoir ;
J'aime ton œil bleu qui scintille
Comme j'aime l'astre du soir ;
J'aime tes poses gracieuses,
Et ne puis jamais me lasser
De sentir tes lèvres rieuses
Sur mon front ridé se presser.

« Souris-moi ! dans ma peine amère
Ton sourire me fait du bien ;
Car le sourire de ta mère
N'était pas plus doux que le tien.
Une tendre mélancolie
Comme les tiens baignait ses yeux ;
Elle était comme toi jolie,
Ma fille, ange venu des cieux.

« N'est-ce pas, tu l'aurais chérie,
Ta mère ? Elle eût bien su t'aimer !
Je te vois toujours attendrie
Lorsque tu m'entends la nommer.
Mais non, tu n'as pu la connaître ;
Dieu, bénissons ses saintes lois !
N'a pas ici-bas voulu mettre
Deux cœurs aussi purs à la fois.

« Je m'en souviens ! pâle en sa couche
Elle pleurait les yeux au ciel ;
Elle déposait sur ta bouche

Le premier baiser maternel...
Soudain elle devint tremblante
Et, comme un épi moissonné,
Retomba, muette et mourante,
Sur toi, pauvre enfant nouveau-né.

« J'ai vu ses yeux chéris se clore.
Toi, tu ne connais qu'un sommeil;
Mais il en est un autre encore
Qui n'a ni matin ni réveil.
Ta pauvre mère, elle était morte !...
Morte !... Tu ne m'as pas compris.
Ce mot amer le vent l'emporte
Sans qu'il ait glacé ton souris. »

Puis, de douleur l'âme assaillie,
Et cachant son front dans sa main,
Le vieillard se tut. Recueillie
L'enfant écoutait; mais soudain,
Sentant une larme secrète
Couler à travers ses cheveux,
Elle éleva vers lui sa tête
Mélancolique et ses yeux bleus.

Il reprit : — « Vois-tu bien, ma fille,
Là haut, sur nous, de tous côtés,
Ce grand dôme sombre qui brille
De mille sublimes clartés;
Ces astres d'or et de lumière,
Et ces mondes multipliés,

Flots d'une éternelle poussière
Que Dieu soulève sous nos pieds?

« C'est là que s'en vont ceux qui meurent,
S'ils ont été justes et bons.
Tandis que leurs amis les pleurent
Et se souviennent de leurs noms,
Bien loin par delà les nuages,
Ils s'envolent vers ce beau lieu,
Où le calme, après les orages
Les attend dans le sein de Dieu.

« C'est là que ta mère est allée!
Elle nous aime de là haut.
Je sens que mon âme exilée
Ira l'y rejoindre bientôt;
Mais, de cet asile des justes,
Nous veillerons sur tous tes pas,
Et, plus tard, dans ces lieux augustes,
Nous te reverrons, n'est-ce pas?... »

Après un effort inutile,
Le vieillard se tut, ferma l'œil,
Puis, avec un soupir, débile,
Il s'affaissa dans son fauteuil.
L'enfant le regardait, naïve,
Avec ses yeux irrésolus;
Elle était toujours attentive...
Mais le vieillard ne parlait plus.

Il dormait sans doute, et muette
Elle s'endormit sur son sein,
Comme en son nid une fauvette.
Et l'on trouva le lendemain
La jeune enfant, rose et légère,
Qui dormait, innocente, hélas!
Sur les genoux de son vieux père,
Déjà glacé par le trépas.

A

UN TOIT HOSPITALIER

Je pars, et dans mon cœur je t'emporte en silence,
Des bords que j'ai quittés, aimable souvenir.
On m'entendra toujours avec reconnaissance,
O toit hospitalier, t'aimer et te bénir!

Que jamais dans ses dons l'Éternel ne t'oublie,
Que l'orage t'épargne, ô toit hospitalier!
Car j'ai trouvé la joie et l'amitié chérie,
Hôtes charmants, assis autour de ton foyer.

D'un manteau verdoyant que la paix t'environne;
Que pour tes habitants les jours soient sans douleurs;
Que les ans tour à tour embaument ta couronne
De la saveur des fruits et du parfum des fleurs.

Toi, n'en sois point jalouse, ô ma chère Neustrie!
Ton doux nom dans mes chants ne fut pas oublié.
Tu m'as donné le jour; mais, pour moi, la patrie
Est partout où mon cœur rencontre l'amitié.

CONSOLATION

Oh! non, il n'est pas sous la tombe!
Partout il te suit, il te sent;
Et son âme, blanche colombe,
T'effleure de l'aile en passant.

Ce peu de poussière et d'argile
Qu'emportera le vent demain,
Ce débris, vêtement fragile,
Qu'on dépose au bout du chemin,

Tout ce que l'étroite demeure
Pour l'éternité renferma,
Ce n'est pas l'ami que l'on pleure,
Le noble cœur qui nous aima!

Lui! c'est le souvenir; c'est l'âme,
Chère compagne de nos pas,
Qui nous éclaire, douce flamme,
Douce voix, nous parle tout bas!

Ne t'incline donc pas, muette,
Sous le poids du destin cruel ;
Lève plutôt, lève la tête :
Pleure, mais regarde le ciel !

SANS ESPOIR

Sans espoir, de pleurs mouillée,
Une mère agenouillée,
Posait, la première fois,
Sur une tombe nouvelle,
Sa couronne d'immortelle
Au pied d'une simple croix.

Comme un voile de mystère,
Le brouillard couvrait la terre,
La nuit tombait du coteau ;
Et la brise monotone
Roulait la feuille d'automne
Sur la pierre du tombeau.

Ployant sous sa peine amère,
Elle pleurait, pauvre mère,
Car son enfant était là...
Une forme vague et sombre
Lentement passa dans l'ombre,
Une douce voix parla :

« Oh ! merci de la couronne
Que ta tendresse me donne,
Comme un gage de douleurs ;
Couronne où ta main enlace
Ce qui dure et ce qui passe,
Les immortelles, les fleurs.

« Hélas ! ainsi vont les choses,
J'ai vécu comme les roses,
Je suis la fleur de deux jours.
Mais pourquoi verser des larmes !
Ton enfant n'a plus d'alarmes ;
Son cœur est à toi toujours.

« Mère ! il faut que je te dise,
Si parfois tu sens la brise
Te caresser en passant,
C'est moi qui, toujours fidèle,
Viens t'effleurer avec elle :
C'est l'âme de ton enfant.

« Quand la nuit étend ses voiles,
Je mêle aux blanches étoiles
Mon âme, leur jeune sœur ;
Et sur toi j'aime à répandre
Un rayon suave et tendre
Comme un souvenir du cœur.

« J'entretiens la rêverie
Qui dans ton âme meurtrie,

Verse encore un peu de miel.
D'en haut, planant sur la terre,
Je t'aime toujours, ma Mère!
Et je vais t'attendre au ciel! »

La voix se tut, la jeune âme
S'éteignit comme une flamme.
Quand la pauvre mère, au soir,
Revenait prier encore
Sur la tombe qu'elle adore,
Ce n'était plus sans espoir.

LES CLOCHES DU SOIR

TRADUIT DE TH. MOORE.

Cloches du soir, votre douce harmonie
Parle à mon cœur du paternel manoir,
Des jours d'enfance où votre voix bénie
Me fit rêver, saintes cloches du soir !

De ces beaux jours loin est la dernière heure,
Et plus d'un cœur qui palpitait d'espoir,
Dort maintenant dans la sombre demeure,
Sourd à vos voix, saintes cloches du soir !

Je les suivrai ces âmes envolées.
Un autre barde ici viendra s'asseoir;
Une autre voix, du fond de ces vallées,
Vous chantera, saintes cloches du soir !

LA ROSE MOUILLÉE

TRADUIT DE W. COWPER.

L'orage, ce matin, avait tout noyé d'eau
La rose dont Anna fit présent à Marie,
Et la fleur succombant sous l'humide fardeau,
Penchait sa belle tête inondée et meurtrie.

Voyant son urne pleine et ses feuilles en pleurs,
Je songeais, moi rêveur, qu'elle pleurait peut-être
Les boutons qu'elle avait laissés, non sans douleurs,
Sur le buisson joyeux où le ciel la fit naître.

Alors je la saisis; car elle n'était pas
Un bouquet agréable, ainsi morne et tachée;
L'agitant rudement, trop rudement, hélas!
Je l'effeuille, et soudain la terre en est jonchée.

Tel est pourtant le rôle insensible et moqueur
Que souvent nous jouons près d'une âme souffrante,

Sans crainte de heurter et de briser un cœur
Que domine déjà la douleur dévorante.

Cette élégante rose, agitée un peu moins,
Sous les yeux de Marie aurait encor pu luire ;
Et les pleurs, essuyés avec de tendres soins,
Peuvent être suivis quelquefois d'un sourire.

FRÈRE ET SŒUR

———

Là-haut, dans les cieux limpides,
Ensemble voyez errer
Ces deux colombes rapides,
Que rien ne peut séparer.

Dans l'azur que l'aube enflamme
Elles montent, blanches sœurs;
Elles n'ont qu'une seule âme,
Une seule âme en deux cœurs.

Vers un unique rivage
Tend leur essor hasardeux;
Quand vient à gronder l'orage,
Elles tremblent toutes deux.

Pour toutes deux la fortune
N'a qu'un seul destin écrit;
Que la foudre frappe l'une,
L'autre avec elle périt.

Toutes deux elles partagent
Le grain des petits oiseaux,
Et toutes deux se dégagent
Des piéges et des réseaux.

L'une au col de l'autre essuie,
Avec mille soins charmants,
Les froides gouttes de pluie
Qui roulent en diamants.

Le même accord harmonise
Leur hymne de chaque instant,
Hymne de l'homme incomprise,
Mais que le Seigneur entend.

Et leur existence entière,
Sortant du monde réel,
Plane, comme une prière,
Entre la terre et le ciel.

Frère et sœur qui, l'un sans l'autre,
Ne pouvez vivre un seul jour,
Ce doux emblème est le vôtre,
Ce doux emblème d'amour.

Ainsi, dans vos âmes d'ange,
Maux ou biens de l'amitié
Se fondent en un échange
Où chacun a sa moitié.

Allez, colombes fidèles ;
Que, dans un ciel calme et pur,
Dieu, pour déployer vos ailes,
Vous donne un limpide azur !

Que toujours il vous contemple
D'un regard clément et doux ;
Et moi j'irai dans le temple,
J'irai le prier pour vous.

LES HIRONDELLES

SONNET

Jouez-vous, noires hirondelles,
Dans les derniers feux du soleil ;
J'aime entendre, ô troupes fidèles,
De vos cris le joyeux éveil.

Le rayon qui dore vos ailes
D'un éclat limpide et vermeil,
Expire en des flots d'étincelles,
Au bonheur des humains pareil.

Suivez votre vol qui tournoie ;
Demain reviendront et la joie
Et le jour peu de temps caché.

Mais combien d'âmes solitaires
Vont pleurant, sur ces tristes terres,
Leur soleil à jamais couché.

LES ORPHELINS

A MADEMOISELLE ADÈLE H***

Les couples villageois s'en allaient à la danse ;
C'était par un beau soir d'un dimanche de mai.
De l'archet éloigné la joyeuse cadence
Réveillait les échos dans le bois embaumé.

Vesper brillait aux cieux. Sous une verte allée
Cheminaient trois enfants, un frère et ses deux sœurs.
L'aînée avait douze ans, elle allait, désolée,
Guidant les deux petits, et leur cachant ses pleurs.

— « Sœur, où nous mènes-tu? disait le jeune frère ;
Nous suivons tous les deux ta main qui nous conduit ;
Mais nous marchons déjà depuis une heure entière.
J'ai bien peur dans les bois ; et voilà qu'il fait nuit. »

Or la plus grande sœur : — « Allons, courage encore !
Le bon Dieu, mes chéris, ne nous oublira pas.
Nous allons le prier ; il aime qu'on l'adore. »
Et les pauvres enfants pressaient leurs faibles pas.

Puis la plus jeune : — «Enfin, maman reviendra-t-elle?
Elle avait, disait-on, cessé de tant souffrir.
Est-ce bien loin d'ici que le bon Dieu l'appelle?
Et sais-tu ce que c'est, ma sœur, que de mourir? »

En écoutant ces mots, la pauvre sœur aînée
Se cachait le visage avec son tablier,
Puis reprenait sa route un peu plus résignée,
N'espérant plus qu'en Dieu qu'ils s'en allaient prier.

Car leur mère en effet de la veille était morte ;
On l'avait le matin déposée au cercueil,
Et de leur toit précaire on leur fermait la porte,
Avant que l'eau bénite eût séché sur le seuil.

Depuis lors ils erraient sans appui sur la terre,
Nu-pieds, vêtus à peine, et les larmes aux yeux.
Le sentier les mena devant le presbytère;
Mais tout dans cet asile était silencieux.

Le feuillage éclairci de la charmille verte
Montrait le jardin vide et les volets fermés :
Cette porte, au malheur incessamment ouverte,
Était close aujourd'hui pour ses hôtes aimés.

L'église était auprès; sa simplicité sainte,
Ses murs vieillis disaient : le Seigneur est ici !
Mais la foule joyeuse en avait fui l'enceinte;
La maison du Seigneur était fermée aussi.

Des tristes orphelins la marche était plus lente,
Leurs membres fatigués en demandaient la fin.
Les deux petits, pressés contre leur sœur tremblante,
S'écriaient en pleurant : — «Maman, maman, j'ai faim! »

— « Hélas! mes bien-aimés, elle est là, notre mère! »
Dit l'aînée, approchant d'un tertre tout nouveau.
Un seul rameau de buis, une fleur éphémère,
De la veuve du pauvre indiquaient le tombeau.

Sur la terre, à genoux tous les trois ils se mirent,
De leurs pleurs devant Dieu répandant les trésors,
Prièrent bien longtemps et bien longtemps gémirent;
Mais les pleurs aujourd'hui n'éveillent plus les morts.

Et la lune argentait la nuit pure et sereine;
Un rossignol chantait sur un haut peuplier;
On entendait parfois des rires dans la plaine,
Et les accords lointains du vieux ménétrier.

Une vieille passait alors au cimetière;
Pauvre, elle n'avait rien que des haillons hideux,
Et devait à l'aumône une étroite chaumière :
Elle vit les enfants, et seule eut pitié d'eux.

11.

— « Venez, chers orphelins, sous mon chaume qui tremble,
Dit-elle, vous aurez à souffrir bien souvent.
Mais j'ai du pain encor; nous glanerons ensemble.
Aux agneaux nouveau-nés Dieu mesure le vent. »

LA
LETTRE DE LA VEUVE

— « Ma pauvre fille, avec ta mère
Dans ce grenier tu meurs de faim;
Mais peut-être à notre misère
Daignera-t-on donner du pain.
Vois-tu? cette lettre est écrite
Pour un riche qui la verra.
Prions, prions, pauvre petite,
Et le bon Dieu nous entendra. »

Nul ne répond! plus d'espérance!
Le riche n'avait pas compris;
Pour le pauvre et pour sa souffrance
Il n'avait eu que du mépris.
Alors l'enfant se prit à dire :
— « Pourquoi pleurer comme cela?
C'est au bon Dieu qu'il faut écrire,
Et le bon Dieu nous répondra. »

— « S'il était encor sur la terre,
Dieu nous secourrait aujourd'hui;
Mais la lettre que tu veux faire
Ne monterait pas jusqu'à lui. »
— « Pour qu'elle arrive à son adresse,
Au tronc du pauvre on la mettra;
Il est si bon pour la détresse!
Oui, le bon Dieu nous répondra. »

Dans sa confiance naïve,
A son projet l'enfant rêva;
Puis elle écrivit sa missive :
Au tronc du pauvre on la trouva.
On courut chez la pauvre mère,
Et lorsque chez elle on entra,
L'enfant lui redisait : — « Espère!
Oui, le bon Dieu nous répondra. »

LE CAP NORD

Ubi defuit orbis.

O voyageur ! pourquoi te hâter dans ta route ?
Pourquoi toujours errer de l'espérance au doute,
    Et du rêve au néant ?
Pour aboutir au point où, debout sur la plage,
Tu n'apercevras plus que la mer sans rivage
    Et le gouffre béant !

O voyageur ! tes pas ont franchi la Norvége ;
Le cap Nord s'est dressé devant toi, sous la neige,
    Battu des flots amers.
Qu'as-tu vu ? des rocs noirs, masses stratifiées,
Gigantesque chaos, flammes pétrifiées
    Qui s'élancent des mers.

Aucun être vivant n'ose habiter ces crêtes :
Sur le cap désolé rugissent les tempêtes,
    Les vents sont déchaînés.
Tantôt un brouillard sombre enveloppe les cimes,

Tantôt se déchirant, il montre des abîmes
    Et des rocs décharnés.

Au désert africain ceux que la soif dévore,
Sous le soleil ardent gardent l'espoir encore,
        Même au sein des douleurs ;
Car l'hospitalité des tribus musulmanes,
Promet le ruisseau pur et l'ombre aux caravanes,
        Dans l'oasis en fleurs.

Ici, pas un rayon qui dans le cœur s'allume,
Ici, rien que les rocs, les ouragans, la brume,
        L'obscurité du Nord ;
Ce que serait enfin, si Dieu brisait la terre,
Le cadavre d'un monde à jamais solitaire,
        Inhabitable et mort.

Ici, le désespoir assombrit la pensée ;
C'est un manteau de plomb qui tient l'âme glacée ;
        Qui l'accable et l'étreint.
Tout ajoute aux horreurs de cet ennui sans borne,
Jusqu'à ce lac qui dort là-bas, livide et morne,
        Dans un cratère éteint.

Mais comme il faut que Dieu ne soit pas implacable,
Qu'il plaigne à leur insu ceux même qu'il accable
        De toutes ses rigueurs,
Qu'il mêle un peu d'espoir aux horreurs du martyre,
Et répande en secret l'aumône d'un sourire
        Dans les plus tristes cœurs,

Quand le soleil avare à travers les rafales
Laisse parfois glisser quelques rayons moins pâles
      Dans cet abîme obscur,
Le bleu myosotis, dernière fleur des pôles,
Fleur des doux souvenirs, ouvre, parmi les saules,
      Ses étoiles d'azur.

Juillet 1848.

LOIN DU MONDE

Ne rêve plus, mon cœur, de gloires insensées;
　　Sois calme et pur;
Crains l'éclat, rétrécis ton cercle de pensées
　　Au chaume obscur;
De ton âme et de Dieu fais ton unique étude;
　　Loin du grand jour,
Nourris-toi, dans la paix et dans la solitude,
　　D'ombre et d'amour.

Toute gloire est pareille à la rose brillante
　　Qui nous sourit,
Mais qui laisse à nos doigts une trace sanglante
　　Et se flétrit.
O bonheur! je te vois, assis sous l'humble vigne
　　De la maison,
D'où ton sourire aimant m'appelle et me fait signe
　　A l'horizon.

Me voilà ! me voilà ! pourquoi donc tarderais-je
  A revenir ?
Dieul seul, dont aujourd'hui la bonté nous protége,
  Voit l'avenir.
Ce que le sort voilé dans ses mains nous apporte,
  Lui seul l'a mis ;
Lui seul sait si les jours qui heurtent à la porte
  Nous sont amis.

Puisque le temps présent est doux, laissons-nous vivre
  En nous aimant ;
Savourons à loisir la coupe où nous enivre
  Le Dieu clément.
Puis espérons en lui, qui nous a fait la vie
  Tant à souhait,
Que tel, dont le bonheur semble un objet d'envie,
  Nous l'envirait.

Réservez-moi, Seigneur, un sort toujours le même,
  Je ne veux rien.
Un petit coin à l'ombre, une épouse que j'aime,
  Voilà mon bien.
Daignez donc protéger ma retraite isolée ;
  Faites mes jours
Semblables au ruisseau qui suit, dans la vallée,
  Son faible cours.

Jamais hors de son lit il ne porte son onde,
  Avec fureur ;
Jamais il n'envahit la prairie et n'inonde

12

Le laboureur.

Il va, parmi les fleurs, sans que son frais murmure
     Soit entendu ;
On ne voit même pas, sous l'épaisse verdure,
     Son flot perdu.

On cherche en vain pourquoi les herbes sont plus vertes
     Au bout du pré,
Et pourquoi son tapis de plus de fleurs ouvertes
     Est diapré.
Car le ruisseau caché, qui gazouille insensible
     Dans ce beau lieu,
Inconnu du vulgaire, est seulement visible
     A l'œil de Dieu.

     Août 1850.

LIVRE TROISIÈME

5. Et maintenant la prière que je vous fais...
Suivant ce qui nous a été ordonné dès le com-
mencement, c'est que nous nous aimions les
uns les autres.

6. Or, le propre de la charité est de nous
faire marcher dans la voie des commande-
ments de Dieu.

SAINT JEAN, Ép. II.

O douce charité, comble-nous de tes grâces !
     O providence d'ici-bas ,
     Est-il un mal que tu n'effaces ?
Les méchants, s'il en est, sont ceux qui n'aiment pas.

CH. NODIER.

CHARITÉ

A MA SECONDE MÈRE

MADAME VICTOIRE R***

Non! la charité que j'admire,
Ce n'est pas l'orgueilleux sourire
Du publicain ivre de soi,
Qui donne en criant à la foule :
« Voyez! l'or de mes mains découle ;
Je suis généreux comme un roi! »

Ce ne sont pas ces fils du monde,
Pour qui nul orage ne gronde,
Pour qui nuls malheurs ne sont faits,
Qui font l'aumône par caprice,
Et qui n'ont d'aucun sacrifice
Payé leurs fastueux bienfaits.

12.

Le monde est leur unique oracle,
Leur charité n'est que spectacle.
En vérité je vous le dis,
Ils ont reçu leur récompense,
Et leur bienfait, vaine semence,
Tombe sur des rochers maudits.

Ceux qui méritaient des temples,
Ceux dont les sublimes exemples
Devraient fructifier en nous,
Nobles cœurs que toutes les races
Devraient suivre en baisant leurs traces,
Et ne nommer qu'à deux genoux.

C'est le bienfaiteur qui se cache,
Le Samaritain qui s'arrache
Son dernier vêtement de lin,
La veuve qui porte, débile,
Les deniers du saint Évangile
Dans le trésor de l'orphelin ;

C'est cette âme mystérieuse,
Chère à la pauvreté pieuse,
De qui Dieu seul dirait le nom ;
Qui, dans son dévoûment sublime,
Rougit, comme d'autres d'un crime,
De sa généreuse action ;

C'est celle qui travaille et veille,
Qui sur l'épargne de la veille

Met l'épargne du lendemain ;
Gardant à chacun, douce et bonne,
Son trésor d'amour et d'aumône
Pour tous les malheurs du chemin.

Ce sont enfin ceux à qui coûte
Le bienfait sué goutte à goutte,
Né du long travail de leurs mains ;
Ceux-là, dans le séjour de l'homme,
Passent sans qu'une voix les nomme ;
Ils craignent l'écho des humains.

Cependant leurs mains toujours sûres
Guérissent toutes les blessures,
Leur bonté tarit tous les pleurs ;
Et leur nom, à travers son voile,
Comme une consolante étoile,
Brille dans la nuit des douleurs.

A ceux-là, mon Dieu, l'auréole !
Anges, pesez leur sainte obole
Dans la balance du Seigneur ;
Que pour le bienfaiteur modeste
Soit toute la gloire céleste,
Car le ciel même est dans son cœur !

LA CRÈCHE

STANCES

A UNE JEUNE MÈRE

L'idée d'un refuge où les enfants nouveau-nés, admis pendant
le jour moyennant une rétribution quotidienne de 20 cent.,
reçoivent la nourriture et les soins que réclame leur délicatesse,
appartient à M. Marbeau, maire du premier arrondissement de
Paris. — Il est juste de rendre un hommage à la mémoire de
M. Framboisier de Baunay, mort directeur de Sainte-Périne,
organisateur de la première crèche, la crèche de Chaillot, qui
fut ouverte et bénie le 14 novembre 1844.

Les arbres étendent leurs branches,
D'un givre argenté toutes blanches;
Un soleil glacé brille aux cieux;
La cité, que l'hiver assiége,
Tremble, et, sur un linceul de neige,
Les chars roulent silencieux.

Il fait froid; mais, dans votre asile,
Le foyer brûlant et tranquille

Contre les frimas vous défend ;
Qu'importe la saison amère :
Vous souriez, heureuse mère,
Aux caresses d'un bel enfant !

Son œil sous votre œil étincelle ;
C'est vous qu'il cherche, qu'il appelle ;
C'est de vous qu'il veut un baiser,
Sur cette joue encor plus fraîche
Que le frais velours de la pêche,
Où l'abeille aime à se poser.

Aussi quel tourment ! quelle crainte !
La nuit, à sa première plainte,
Vous vous réveillez en sursaut.
Parfois s'il s'agite, inquiète,
Vous avez peur qu'il ne rejette
Son lange bien doux et bien chaud.

Le jour, sous sa blanche pelisse,
Craignant que l'air froid ne se glisse,
Vous prenez un soin diligent.
C'est que la bise est si glacée
Qu'elle traçait, la nuit passée,
A vos carreaux des fleurs d'argent.

Mais songez-vous parfois, Madame,
Quand ce cher souci de votre âme
Est là souriant sous vos yeux,
Qu'il est quelque autre mère encore

N'ayant, pour l'enfant qu'elle adore,
Ni berceau, ni langes soyeux?

Elle est là, près de vous peut-être,
Sans feu, sans vitre à sa fenêtre,
Doutant de Dieu, son seul appui.
Transi de froid, dans sa demeure,
Toute la nuit son enfant pleure,
Et la neige tombe sur lui.

Pour lui point de pelisse épaisse;
Mais quelque lange usé, qui laisse
Entrevoir son corps amaigri;
De sa mère le sein aride
Verse à peine, à sa bouche avide
Un lait par la douleur tari.

Avant que le soleil paraisse,
Pauvre ouvrière, elle s'empresse
De courir au travail lointain;
Et lui, que personne ne garde,
Jusqu'au soir remplit la mansarde
De cris de douleur et de faim.

Pour vous quelle affreuse tristesse,
Si l'enfant de votre tendresse
Souffrait tant de maux un seul jour!
Songez à cette pauvre femme,
Et puis mesurez, dans votre âme,
Son désespoir à votre amour.

Eh bien! cette mère qui souffre,
Qui voit la misère, affreux gouffre,
Lui fermer partout le chemin,
Vous pouvez calmer sa souffrance,
Et, plein de vie et d'espérance,
Son enfant sourira demain.

Sous l'inspiration céleste,
Une bienfaisance modeste
Ouvre aux nouvau-nés un abri,
Souvenir de la crèche austère
Où Dieu, descendu sur la terre,
Enfant, à la Vierge a souri.

La Crèche, asile salutaire,
Où, pour un modique salaire,
La travailleuse au pas pressé,
Courant où sa tâche l'appelle,
Livre à la plus douce tutelle
Son enfant jadis délaissé.

La Crèche, où la charité veille,
Où le nouveau-né s'émerveille
Du soleil qui vient l'éclairer;
La Crèche, où tant de pauvres anges
Apprennent, dans de plus doux langes,
Qu'on peut vivre un jour sans pleurer.

Ah! donnez de votre opulence,
Pour que l'enfant de l'indigence

Qui frissonne dans un lambeau,
Trouve chaque jour, à la Crèche,
Le long sommeil, la santé fraîche,
La chaleur d'un moelleux berceau.

Donnez! ce que votre main sème
A votre enfant, dans le ciel même,
Sera compté comme un trésor;
Donnez, pour que Dieu lui sourie!
Souvent pour lui votre cœur prie;
Bien faire c'est prier encor.

Donnez! la pauvreté fidèle,
Sur le berceau fondé pour elle
Lira le nom de votre enfant.
Chaque jour une heureuse mère
Le nommera, dans sa prière,
Avec un souris triomphant.

Et les prières maternelles,
Comme les anges, ont des ailes
Pour s'élancer de ce doux nid.
A ces vœux qu'une mère adresse,
Les cieux tressaillent d'allégresse,
Le monde espère, et Dieu bénit!

Juin 1846.

L'ASILE

—

A MADAME STÉPHANIE G. S^r H***

> Laissez venir à moi les petits
> enfants.
>
> Saint Marc, chap. x, v. 14.

Dans ce livre éternel, ce divin Évangile,
Aussi grand de pensers qu'il est humble de style,
Livre que Dieu dicta, que les saints ont écrit,
Un passage entre tous m'enchante et m'attendrit.
C'est quand Jésus remarque, à travers cette foule,
Empressée à le suivre, ainsi qu'un flot qui roule,
Des enfants apportés pour qu'il pût les toucher,
Qu'un trop zélé disciple empêchait d'approcher.
Il s'écrie; il s'indigne autant que d'une offense :

— « Laissez, dit-il, laissez venir à moi l'enfance ;
Faites place aux petits ; le royaume des cieux
Appartient aux humains qui ressemblent le mieux
A ces faibles enfants qu'on repousse et que j'aime. »

13

Sur leurs fronts, Jésus-Christ pose sa main suprême,
Cette main qui rendait aux lépreux la santé,
Aux aveugles, aux sourds, l'ouïe et la clarté,
Cette main qui brisant même la tombe avare,
Du linceul déchiré faisait sortir Lazare.

Quel spectacle sublime en sa naïveté,
De voir ce Dieu sauveur, voilant sa majesté,
Imprimer sur le front de l'enfance innocente
L'ineffaçable sceau de sa main bénissante,
Sourire à ces regards, se complaire à ces voix,
Qui bégayaient son nom pour la première fois.
Ces enfants dont Jésus touchait les têtes blondes,
A qui, dans sa bonté, le Rédempteur des mondes
Prodiguait son amour et promettait le ciel,
Ce n'étaient pas les fils des riches d'Israël,
Bercés par la mollesse et la sollicitude ;
Mais ceux que l'esclavage ou la pauvreté rude
Elevait pour la peine et pour le dur travail,
Agneaux derniers venus, le rebut du bercail :
— « A ceux-là, disait-il, tâchez d'être semblables ;
Aimez-les d'autant plus qu'ils sont plus misérables ;
C'est moi qui vous le dis ; leurs anges radieux
Sont éternellement devant mon père aux cieux ;
Dans sa majesté sainte ils le voient face à face.
Or quiconque ici-bas s'humilie et s'efface
Au royaume d'en-haut prendra le premier rang ;
Le plus petit de tous deviendra le plus grand. »

C'est toi, Maître divin, dont la voix, les préceptes

Ont inspiré les cœurs de ces humbles adeptes,
Qui recueillent l'enfant du pauvre demi-nu,
En disant à chacun : — « Entre et sois bienvenu.
Cet asile est le tien. D'abord, d'une voix haute,
Commence par prier le Seigneur Dieu ton hôte.
C'est lui qui t'a créé; l'aimer est ton devoir;
Bénis-le pour qu'un jour il t'admette à le voir.
Aimé aussi tes parents; pour être un jour bon père,
Il faut être bon fils; tu le seras, j'espère.
Puis nous travaillerons. Le travail, c'est la loi!
Sois donc sage, apprends bien. Quelle gloire pour toi
Quand, devenu plus grand, travailleur économe,
Tu gagneras ton pain toi-même et seras homme!
Ton père qui, pour toi, se fatigue aujourd'hui,
Sera vieux; deviens apte à travailler pour lui. »

Ainsi dans leur bonté, pour se faire comprendre,
Au niveau de l'enfant ils aiment à descendre,
Puis d'un pas insensible avec lui s'élevant,
A la hauteur de Dieu font remonter l'enfant,
Et l'enfant comprend Dieu!... C'est que l'âme enfantine
Depuis si peu de temps sort de la main divine,
Que, dans son enveloppe, elle doit retenir
Du ciel qui la créa le vague souvenir.
Sa vie est sans péché, son visage sans ride.
L'ange qui, de là-haut, la surveille et la guide,
D'aucun crime commis ne ressentant l'affront,
Jamais avec douleur ne s'est voilé le front.

Enfants, conservez bien le dogme salutaire,

Ainsi qu'un grain semé dans une bonne terre !
Soyez heureux longtemps ; riez, jouez, chantez!
Le destin nous a pris tant de prospérités,
Il a sur notre tête amassé tant d'orage,
Que nous paîrions bien cher le calme de votre âge.

Mais par malheur l'asile, indigent, trop étroit,
Doit refuser bien plus d'enfants qu'il n'en reçoit.
La Charité divine, aux mamelles taries,
En vain gémit, en vain nous tend ses mains flétries,
Et, si nous n'adoptons tous ces abandonnés,
Ils sont dès leur naissance à souffrir condamnés.
Ne les délaissons pas ceux que notre œil rencontre
Pareils au voyageur que Jésus-Christ nous montre
Égorgé par le fer de larrons inhumains,
Dépouillé, demi-mort, gisant sur les chemins.

Vous vous en souvenez : Un rabbin sur la place
Arrive, entend gémir le malheureux, et passe.
Un lévite à son tour, descendant du Thabor,
Entend le malheureux gémir, et passe encor.
Par le même sentier, venant de Samarie,
Un homme à cet aspect se sent l'âme attendrie ;
Il court, et déchirant sa tunique de lin,
Bande la plaie, y verse et de l'huile et du vin,
Puis, non content d'avoir refermé la blessure,
Il met l'infortuné sur sa propre monture,
Le conduit à son hôte, en disant : — « Veille bien
Sur mon frère blessé. Qu'il ne manque de rien!
Ces trois deniers d'argent te suffiront, je pense;

S'il faut plus, au retour je paîrai la dépense. »

Cet hôte qui reçoit le voyageur blessé,
C'est l'asile, l'asile où l'enfant délaissé,
Assailli par les maux qu'entraîne la paresse,
Par le vice fatal à sa frêle jeunesse,
Trouvera le savoir, le soin consolateur,
Les jeux et la prière aux pieds du Créateur.
Le précepte et l'exemple enfin, ces deux dictames
Destinés à guérir les blessures des âmes.

Pour que dans sa candeur il ne soit pas détruit
Cet enfant, chaste fleur, qui doit produire un fruit,
Venons à son secours ! — Dans Paris, au passage,
Souvent nous rencontrons l'enfant au doux visage,
Hélas ! déjà flétri, pâle et baigné de pleurs.
Soyons compatissants pour ses jeunes douleurs.
Ne nous détournons point... Osons d'une main sûre
Relever le malade et panser la blessure ;

Car Jésus dit encor : — « Toi qui m'as demandé
Ce qu'il faut faire afin qu'il te soit accordé,
En aimant Dieu, d'atteindre à la vie éternelle,
Médite le récit que je t'offre en modèle.
Va ! si tu l'as compris tu n'es plus incertain :
Agis ainsi qu'a fait le bon Samaritain. »

LES

ENFANTS DES FAUBOURGS

VERS LUS A LA SÉANCE DONNÉE AU BÉNÉFICE DE L'ŒUVRE DES FAUBOURGS

LE 9 MAI 1849

A MONSIEUR DE FALLOUX

ANCIEN MINISTRE DE L'INSTRUCTION PUBLIQUE

Dans les faubourgs de Paris, abondent d'immenses misères maté-
rielles et morales, dont l'insurrection de Juin 1848 a manifesté
toute la profondeur.
L'œuvre des faubourgs, établie à cette époque, patronne les enfants pauvres, les visite dans leur famille, leur ouvre l'accès des
écoles et pourvoit autant que possible à leurs besoins.

Vous avez rencontré ces enfants de Paris,
Errants par les faubourgs, débiles, amaigris;
Mais portant fièrement leur blouse lacérée,
Dardant un mot railleur à la pointe acérée,
Fixant sur tous un œil curieux et changeant,
Trop hardi quelquefois, toujours intelligent.

Prompts au mal comme au bien, faciles à séduire,
Le clinquant comme l'or leur plaît et les attire ;
Tout est pour eux spectacle ; un supplice odieux,
Aussi bien qu'une fête, enchantera leurs yeux.
Il est un bruit surtout qui les exalte encore ;
C'est le chant du clairon, c'est l'orchestre sonore
Que suit un régiment, déployant au regard
Son brillant uniforme et son vieil étendard ;
Leur jouet le plus beau, c'est le débris d'une arme ;
Ils sont fils de soldats et la guerre les charme.
Aussi quand, pour l'émeute ou pour la liberté,
Un cri provocateur dans le peuple est jeté,
Et quand le rappel bat parmi la foule accrue,
Qui lève le premier un pavé dans la rue ?
Qui, devant les canons grondant aux carrefours,
Succombe le premier ? — Un enfant des faubourgs !

Un enfant des faubourgs, un noble cœur sans doute.
Oui ! s'il n'eût pas erré sans appui dans sa route,
Profanant ses habits et sa jeune candeur
Aux fanges de la ville où trône l'impudeur,
N'apprenant dans la rue ou sur d'infimes scènes
Que des leçons de vice ou des refrains obscènes ;
S'il eût été formé par l'exemple du bien,
Aux généreux devoirs d'homme et de citoyen ;
S'il avait fécondé, dans une enfance active,
La délicate fleur de sa vertu native ;
S'il avait fréquenté l'école et le saint lieu ;
Grandi dans le respect d'une mère et d'un Dieu,
Au lieu d'amers loisirs dont il est la victime,

Il eût connu l'honneur, aimé la paix intime,
La gloire du travail, le devoir accompli,
Et le repos qu'on goûte après un jour rempli.

Il eût donné de même et son sang et sa vie ;
Mais, connaissant sa cause et l'ayant bien servie,
Mais, sachant limiter ses droits aux droits d'autrui,
Esclave du devoir, il serait mort pour lui ;
Au lieu de s'immoler, séide expiatoire,
A quelque aventurier que flétrira l'histoire
Et qui jette à la foule un mot retentissant,
Pour s'ouvrir au pouvoir un chemin dans le sang.

Race ardente, faible nature,
Trop souvent livrée en pâture
A qui veut lui donner des lois,
Faite aussi pour frapper le monde,
Quand, au jour où la foudre gronde,
Dieu lui-même emprunte sa voix !

De quel limon, de quel bitume
Sont pétris des cœurs où s'allume
Tantôt ce feu dévastateur,
Et tantôt cette clarté pure,
Phare qui luit dans l'ombre obscure,
Étoile du navigateur ?

Est-il une noble carrière
Où d'une éclatante lumière

Les fils du peuple n'aient brillé?
Molière naquit à la halle;
Le Poussin, cette âme idéale,
Sous le chaume s'est éveillé.

Fléchier, cette voix noble et triste,
Daubenton, le naturaliste,
Jacquart, l'inventeur de métiers,
Jean-Bart, le dompteur de tempêtes,
Rousseau, Gilbert et cent poëtes :
Qu'étaient-ils? — des fils d'ouvriers!

Mais c'est sur les champs de bataille
Que, dressant fièrement leur taille,
Ils sont plus beaux dans leur fureur.
Relève-toi, foule guerrière,
Qui marchais, quand l'Europe entière
Tremblait aux pas de l'Empereur!

Héros, que la gloire couronne,
Toi, Junot, que nul bruit n'étonne;
Toi, Lannes, vainqueur tant de fois;
Toi, Hoche, soldat patriote,
Et vous, Murat et Bernadotte,
De paysans devenus rois!

Vos fils sont dignes de leurs pères!
Nés pour des travaux moins prospères,
Ils ont votre noble fierté.
Honneur à ces Gardes-Mobiles

Qui portent, dans des corps débiles,
Des cœurs faits pour la liberté!

Leurs bras ont sauvé la patrie ;
La France, indignement meurtrie,
S'assure au bruit de leurs tambours ;
Sur leurs habits pleins de poussière
L'étoile de l'honneur est fière...
Voilà les enfants des faubourgs !

Des plus nobles vertus Dieu mit en eux le germe.
Ouvrez donc une issue aux moissons que renferme
    Cette race pleine d'espoir ;
Versez à flots sur eux la clarté qui ranime.
Il ne faut, pour charmer ce peuple magnanime,
    Qu'un peu d'amour et de savoir.

Donnez ! l'aumône est sainte alors qu'elle est utile ;
Mais, si vous rencontrez quelque enfant par la ville,
    Chantant et vous tendant la main,
Le peu qu'il vous arrache est charité perdue :
On ne voit pas germer la graine répandue
    Entre les pierres du chemin !

Repu, mais avili par le sou qu'on lui jette,
Il saura que l'aumône amassée en cachette
    Enrichit plus que l'atelier.
Bientôt vous l'entendrez, forçant sa voix plaintive,

Attendrir les passants d'une peine fictive,
    Quand il devrait être ouvrier.

Et qui sait? quand le mal dans nos âmes se glisse,
On ne s'arrête pas au bord du précipice.
    Peut-être sera-t-il tenté ;
Fasciné par l'éclat d'une facile proie,
Dans le gouffre béant où la vertu se noie,
    Il se perdra précipité.

Et pareil au torrent tombé des monts sublimes,
Vous le verrez rouler d'abîmes en abîmes ;
    Lui qui pouvait monter si haut !
Déshonoré!... Flétri!... Voilons ce tableau sombre,
J'aurais peur d'entrevoir le bagne, et, loin dans l'ombre,
    Les bras sanglants d'un échafaud !

Cet enfant a du cœur pourtant; son âme est belle ;
Je vois dans son regard une vive étincelle,
    De la fierté dans son maintien ;
Si l'on développait l'instinct qu'il fait paraître,
Il pourrait devenir honnête homme... et peut-être
    Serait-il un grand citoyen !

Pour que ce pauvre enfant apprenne un jour à lire,
Pour que cet ignorant avide de s'instruire,
    Satisfasse à son noble vœu,
Pour que, s'illuminant aux feux de la science,
Il sache partager toute son existence
    Entre sa patrie et son Dieu,

Que faut-il ? peu de chose. Apportez donc l'obole,
Qui doit communiquer aux pauvres l'auréole
  Dont vos enfants soit radieux,
Ce rayon du savoir qui rend l'âme meilleure,
Plus apte à la vertu, plus insensible au leurre
  Des méchants et des envieux.

Ces enfants deviendront concitoyens des vôtres ;
Le bien fait pour les uns jaillira sur les autres :
  C'est la loi de l'humanité !
Donnez ! pour que vos fils, plus heureux que vous-même,
N'entendent pas ces pleurs et ces cris d'anathème
  Dont votre cœur est attristé.

Donnez, et ces enfants, mieux instruits que leurs pères,
Sauront que ce qui rend les destins plus prospères,
  C'est le travail de chaque jour ;
Plus aimants, ils seront plus dignes qu'on les aime ;
Et de l'égalité l'insoluble problème
  Sera résolu par l'amour !

LA

COLONIE DE METTRAY

A MM. DE METZ ET DE BRETIGNIÈRES

FONDATEURS DE LA COLONIE

Loyauté passe tout.
Devise de l'anneau de Mettray.

La colonie de Mettray recueille les enfants coupables d'une première faute et dont un tribunal a ordonné la détention dans
une maison de correction. — Ces enfants y reçoivent une éduca-
tion religieuse et agricole, qui les met à même de gagner hon-
nêtement leur vie.

Sous un ciel pur, au sein d'un fécond territoire,
Tours se baigne et se mire aux ondes de la Loire.
Sur les eaux elle jette un pont, solide frein
Que ronge incessamment le fleuve souverain.

Lorsque le voyageur a gravi la colline
Qui commande la Loire et la cité voisine,
Il aperçoit de loin des bâtiments nouveaux

Isolés au milieu de fertiles plateaux.
Il s'approche séduit, et de la métairie
Il admire avant tout l'heureuse symétrie.
Bientôt il s'intéresse à ces humbles logis
Couverts d'ardoise bleue et dont les murs blanchis
Voilent leur nudité de pampre et de feuillage.
Est-ce une vaste ferme? Est-ce un petit village?
Cet élégant clocher qui s'élançant aux cieux,
Y conduit à la fois la pensée et les yeux,
Au regard du passant, jalon sacré, signale,
Un but religieux, une œuvre de morale.
Tout à coup il entend le clairon retentir,
Voit s'ouvrir des maisons et des enfants sortir.
Leur foule en rangs égaux, avec ordre, en silence,
Bataillon travailleur, se divise, s'avance,
Obéit à la voix; car les groupes nombreux
Ont des chefs, et ces chefs sont des enfants comme eux.
Sur l'épaule portant ou la pioche, ou la tranche,
La pelle, le râteau, le pic à double branche,
Ils s'éloignent d'un pas égal et régulier,
Chaque escouade suivant un différent sentier.
S'ils croisent en chemin un passant solitaire,
Tous les enfants lui font le salut militaire.
Des chaussures de bois protégent leurs pieds nus,
Leurs vêtements pareils sont de grossiers tissus.
Soit que l'été rayonne ou que souffle la bise,
Un berret bleu de laine, une tunique grise,
Telle est de leurs habits la rude austérité ;
Mais rien ne paraît pauvre avec la propreté,
Et c'est avec plaisir qu'on voit, qu'on examine

Leur air gai, franc, ouvert, leur stricte discipline.
On croit comprendre alors que l'on a sous les yeux
Un charitable asile où, par des soins pieux,
Des fils de laboureurs apprennent dès l'enfance
Ce qui de leur métier doit faire une science.
Il faut le dire, hélas! tous ces infortunés
Sortent de quelque geôle, et tous sont profanés.
Fils de mauvais parents, ou nourris par l'hospice,
Ils ont tous comparu dans les cours de justice.
Précoces criminels, leur âge seulement
Les a fait exempter d'un juste châtiment.
Or ce lieu si charmant et si frais, dont les hôtes
Sont de pauvres enfants déjà souillés de fautes,
Que l'on forme à l'amour du beau, du bien, du vrai,
Pour les rendre au pays purs et bons, c'est Mettray.

Un matin, deux passants qu'un même attrait, sans doute,
Conduisait à Mettray, cheminaient sur la route;
L'un d'eux, un étranger, pour la première fois
Parcourait ce pays; mais l'autre, un villageois,
S'avançait d'un pas vif, joyeux, plein d'assurance,
Et saluait des lieux connus de son enfance.

— « Monsieur, dit l'étranger, vous connaissez Mettray? «

— « Oui, Monsieur, je m'y rends et vous y conduirai.
Je vais avec plaisir revoir la Colonie.
Par elle délivré de mon ignominie,
Je puis lever la tête, affronter les défis,
Et dire avec orgueil : — « Je suis un de ses fils! »

Après avoir marché quelque temps en silence,
Le jeune villageois ajouta : — « Quand je pense
Combien triste et honteux pour moi fut ce passé
Que mon bonheur présent n'a qu'à peine effacé,
Je me sens parfois pris d'une sourde souffrance.
Je n'ai pas de parents, Monsieur ! L'indifférence
Glaça mon premier-rire et rebuta mes pleurs.
Dieu seul eût compati peut-être à mes douleurs;
Mais toujours le saint nom de celui qui nous aime
Vibrait à mon oreille escorté d'un blasphème.
Dès ma première enfance, aux vices entraîné
Par l'exemple fatal, sans guide, abandonné
A des gens qui faisaient un trafic méprisable,
D'un vol, à quatorze ans, je me rendis coupable.
Acquitté pour mon âge et mis à Fontevrault,
J'étais fait pour monter peut-être à l'échafaud.
De ces enfants souillés j'étais le plus obscène.
Un soir à la lueur d'une lampe incertaine,
Je chantais dans la geôle une infâme chanson,
Lorsqu'un noble inconnu parut dans la prison,
Et choisit dix de nous. Cet homme vénérable
Me prit, moi le plus vil et le plus misérable,
Il me fit, dans son char, asseoir auprès de lui.
Et dès le lendemain lorsque le jour a lui,
Nous étions à Mettray. L'heureuse Colonie,
A nos yeux se montra souriante et bénie.
Nous, incertains du sort qui nous était promis,
Nous tremblions devant ces visages amis.
Nous admirions pourtant les chalets, la chapelle,
Et nous disions : « La vie ici doit être belle ! »

Or la maison de Dieu s'ouvrit, et le pasteur
Bénit tout le troupeau ; puis notre bienfaiteur
Nous dit : — « Mes chers enfants, vous sortez d'esclavage,
« De votre liberté faites un bon usage ;
« Vous le voyez? ici, plus de geôliers méchants,
« Plus de verrous, plus rien que l'espace et les champs.
« Quiconque voudrait fuir, en serait bien le maître ;
« Mais il serait repris, il se ferait remettre
« Dans la prison. Ainsi, mes enfants, devant Dieu
« Prononcez le serment de ne pas fuir ce lieu.
« Songez-y ; si quelqu'un ose y manquer, sa peine
« Sera moins le cachot, le pain sec et la chaîne,
« Que le crime honteux d'être lâche et menteur,
« Car il aura trahi sa parole d'honneur. »

« Dans le fond de mon cœur je crois toujours entendre
Le langage à la fois persuasif et tendre
De cet homme adoré qui, plaignant mon malheur,
Me prenant par la main, moi sans nom, moi voleur,
M'a retiré flétri de mon fangeux repaire,
Pour m'enfanter au monde, ainsi qu'un autre père.
Il m'a lui-même instruit par d'austères leçons,
Au noble et dur labeur qui produit les moissons,
En faisant à la fois, dans mon âme plus ferme,
Des vertus de l'honneur fructifier le germe.
Des centaines d'enfants, avec la même ardeur,
Apprenaient comme moi l'état d'agriculteur ;
D'autres étaient formés pour l'active industrie,
Tous devaient faire un jour honneur à la patrie,
Car ils étaient sortis de ce sentier fatal

14.

Qui d'erreur en erreur les eût conduits au mal,
Et faisaient leur devoir sans geôliers, sans contrainte,
Sous l'abri protecteur de la Charité sainte.

« Six jours nous travaillions; mais le jour du Seigneur,
Béni par la prière, était tout au bonheur.
Quarante enfants sortaient de chaque maisonnette,
Propres, presque élégants dans leur simple toilette.
Le chef qui nous guidait, nous nous l'étions donné,
Cher élu, qui portait le nom de *Frère aîné*.
Il nous menait au temple, où nos voix argentines
S'unissaient pour chanter les louanges divines
De celui qui mourut pour nous, simple mortel,
Et pour nous, chaque jour, meurt encor sur l'autel.

« L'office terminé, nous restions en silence :
C'était l'heure où le chef punit et récompense.
Il parlait. Quelle joie alors, quel pur bonheur
D'être inscrit par sa main sur le *tableau d'honneur*,
D'être cité par lui, d'être offert en modèle.
Mais lorsqu'à son devoir l'un de nous infidèle
Avait démérité, quel déluge de pleurs
Du colon repentant attestait les douleurs!
Comme il se promettait fermement, à voix haute,
De ne plus retomber jamais dans cette faute,
Moins de peur d'un exil qui nous aurait flétris
Que de peur de déplaire à des maîtres chéris!
Ainsi j'ai cultivé quatre ans la colonie
Et n'ai vu qu'un de nous subir l'ignominie
D'être accusé de vol, convaincu, puis placé

Dans un cachot obscur, enfin d'être chassé.
C'est qu'il avait, hélas ! un de ces caractères
Qu'on dirait imprégnés de miasmes délétères ;
Insoumis à la force, irrité par le bien,
Hors la haine et l'envie il ne ressentait rien.
Je l'ai vu dégrader. La justice publique
Arracha ses boutons, déchira sa tunique,
Proclama son opprobre et son indignité,
Puis l'habit des prisons, châtiment mérité,
Le couvrit. Il passa parmi ses camarades,
En voulant essayer quelques folles bravades ;
Mais les sanglots amers sortis de tous les cœurs
Imposèrent silence à ses rires moqueurs ;
Et lui-même, vaincu, pâle, marchant à peine,
Aux gendarmes livré, disparut dans la plaine.

« Ce fut environné de pleurs bien plus touchants
Qu'à mon tour je quittai ce lieu, ces heureux champs
Qui m'avaient recueilli frappé par la justice,
Enfant déjà marqué des stigmates du vice,
Et me rendaient au monde utile citoyen,
Des devoirs sociaux respectant le lien,
Épuré par l'amour d'un travail salutaire,
Et laboureur actif à sillonner la terre.

« Six ans se sont passés, six ans de dur labeur.
D'un honnête fermier j'ai vécu serviteur.
L'autre jour il m'a dit : — « Au sein de ma famille
« Tu vis depuis longtemps et tu chéris ma fille,
« Sois tout à fait mon fils. J'ai besoin de repos,

« Cultive donc ces champs, engraisse ces troupeaux ;

« Je me contenterai, sur le seuil de la grange

« A voir rentrer les blés ou fouler la vendange,

« A bercer au soleil, sur mes genoux tremblants,

« Tes marmots qui joûront avec mes cheveux blancs. »

« Tandis que j'écoutais ce vieillard respectable

Qui me nommait son fils, d'un bonheur véritable

Pour la première fois mon cœur a palpité,

Je me suis senti pur et réhabilité.

Mais je n'ai pas voulu conclure l'alliance

Qui devra couronner ma nouvelle existence,

Sans avoir consulté ceux à qui je la dois,

Sans être revenu visiter une fois

Les logis fraternels à l'heureuse structure,

Où j'ai vécu quatre ans, le préau de verdure,

Les champs que j'ai connus, les nombreux ateliers

Qui forment les colons à d'utiles métiers,

Et la grange et l'étable et tout ce que renferme

De divers instruments le jardin ou la ferme.

Quand mes chefs connaîtront mon projet d'union

Et quand j'aurai reçu leur bénédiction,

Mon cœur sera content. Car eux seuls sur la terre

M'ont aimé tendrement et d'un amour de père. »

— « Et vous serez heureux, mon fils, » dit un vieillard,

Sur le même chemin survenu par hasard,

Qui depuis quelque temps les suivait sans rien dire ;

« Vous avez pris sur vous un immuable empire.

Constant dans le bonheur comme dans les revers,

Vous avez triomphé de vos instincts pervers.
Tout le temps que Mettray vous a servi d'asile
Vous vous êtes montré doux , actif et docile.
Guidé par nos conseils que vous avez suivis,
D'un brave laboureur vous deveuez le fils.
C'est de votre vertu l'heureuse conséquence.
Quant à nous, notre joie et notre récompense
Est dans votre bonheur. » — Puis ôtant de son doigt
Un simple anneau d'argent : — « Mon fils, vous avez droit
A l'estime de tous; votre conduite est sage.
De notre affection cette bague est le gage :
Du sentier des vertus ne déviez jamais.
C'est notre croix d'honneur, et je vous la remets. »

A ces mots imprévus, sentant son cœur se fondre,
Le jeune laboureur ne savait que répondre.
Enfin , des pleurs baignant son visage loyal :
— « Oh! tu seras, dit-il, mon anneau nuptial.
Que Dieu, dans ses décrets, ou m'élève ou me brise,
Ma femme à mes enfants transmettra ta devise.
Quant à moi, j'y serai fidèle jusqu'au bout! »

Et sur la bague il lut : *Loyauté passe tout*.

FRATERNITÉ

POËME DÉDIÉ A M. L'ABBÉ FAUDET

CURÉ DE SAINT-ÉTIENNE-DU-MONT

Une Association charitable, a été récemment instituée sous le titre
d'ŒUVRE DES FAMILLES. — Dix familles, se réunissant pour en
adopter une, forment ce qu'on appelle une *Fraternité*. Un
Président, ou une Présidente se charge de la recette et de la
distribution des secours. Chaque associé apporte une cotisation
de *dix centimes*, par semaine, et peut donner, en outre, selon
ses facultés, soit un supplément de cotisation, soit des subven-
tions en aliments, hardes, ustensiles, etc., et surtout du travail.
— Dès que la famille secourue peut se suffire, elle cesse d'obtenir
des secours ; elle peut même faire partie de l'Association fraternelle et répandre sur de plus pauvres, le bien qu'elle a reçu.

La bise de décembre au soir s'était accrue ;
Une femme en haillons grelottait dans la rue,
Le désespoir au cœur, le visage incliné,
Et sur son sein tari pleurait un nouveau-né.
Deux anges blonds, deux sœurs, à ses genoux placées,
Tendaient longtemps leurs mains petites et glacées,
Mais les passants étaient pauvres et peu nombreux,
Car l'aumône tombait bien rare aux malheureux.
Revenant du travail, une jeune ouvrière
S'approchait ; elle entend la touchante prière,

Elle s'arrête et prend, non sans s'apitoyer,
Dans sa modeste bourse un modeste denier.
C'était bien peu de chose, et pourtant l'or d'un trône
N'aurait pas égalé, devant Dieu, cette aumône.
La généreuse enfant donnait, non pas l'espoir
D'un hochet superflu, mais de son pain du soir,
Ce pain quotidien que l'indigent espère
Et demande au Seigneur en disant : Notre Père!
Elle ajoutait un mot bien timide et bien doux,
Quand soudain les deux sœurs, embrassant ses genoux,
Lui prodiguent des noms d'enfantine tendresse.
Elle était reconnue, et, dans cette détresse,
Retrouvait une amie : — « Hélas! toi, dans ce deuil!
Toi, réduite à chercher ton pain de seuil en seuil?
Ton mari cependant gagnait un bon salaire;
Le ciel vous protégeait. » — « Le sort nous est contraire.
Mon mari fut porté mourant à l'hôpital,
Deux mois déjà passés. Depuis ce temps fatal
Un fils, dont j'avais trop désiré la naissance,
Vint au monde. Il fallait, seule, sans espérance,
Nourrir ces innocents qui t'ont tendu la main,
Le travail me manquait; j'ai tout vendu. Demain
Notre pauvre logeur, dont la pitié se lasse,
Nous reprend notre asile; on nous fuit, on nous chasse.
Tu vois bien qu'il n'est plus de Dieu pour l'indigent,
Et que la mort... » — « Tais-toi ! j'ai quelque peu d'argent;
Ne blasphème pas, prie, et tu verras encore
Que le Seigneur est bon pour celui qui l'implore. »
Dès le soir les enfants eurent assez de pain
Pour s'endormir joyeux; car ils n'avaient plus faim.

Le lendemain la mère obtenait de l'ouvrage ;
Son amie était là qui lui disait : — « Courage ! »
— « Merci ! » répondait-elle, et, ses pleurs l'étouffant,
Elle embrassait les mains de cette noble enfant,
Qui de pourvoir à tout se faisait une étude ;
Enfin elle ajoutait avec sollicitude :
— « Tu n'es pas riche, toi qui nous secours ainsi ;
Tu te prives pour nous. » — « Ne prends aucun souci.
J'ai de riches amis qui m'ont faite opulente.
Comme toi j'ai connu cette douleur brûlante
De voir de chers enfants, au teint jadis vermeil,
Livides, affamés, pleurer jusqu'au sommeil
Et puis se réveiller, dès la première aurore,
Sans obtenir le pain qu'ils réclamaient encore.
J'ai vu ma vieille mère et mes frères chéris,
Sous la tuile des toits frissonner amaigris ;
J'ai su, n'ayant plus rien, sans espoir, sans ressource,
Combien de pleurs il faut pour en tarir la source.
Tout ce qu'on peut souffrir, je l'ai souffert.... Un soir,
Sur notre paille humide un ange vint s'asseoir,
Une femme, et chez nous l'espoir allait renaître.
Par l'inspiration du noble cœur d'un prêtre,
Dix ménages, les uns aisés, les autres moins,
Mais tous riches d'amour, réunissaient leurs soins
Sur des déshérités de la famille humaine.
Chacun ne fournissait que deux sous par semaine ;
Humble aumône, et pourtant l'active charité
Sut en faire un trésor pour notre pauvreté.
Ce sont des gouttes d'eau qui font la mer si grande !
Chacun des bienfaiteurs ajoutait à l'offrande,

Quelque travail, un pain, un lange à l'enfant nu :
Le conseil du plus pauvre était le bienvenu.
Fraternelle union, dont l'active puissance
Dans notre obscur asile a ramené l'aisance !
Que te dirai-je, enfin ? Quand je t'ai vue hier,
A l'abri du besoin, je marchais le cœur fier ;
Nous pouvions nous suffire, et, dans notre mansarde,
Ce n'est plus désormais que Dieu seul qui nous garde.
Nos sauveurs, nos amis cherchaient, comme un trésor,
Une honnête famille à relever encor :
C'est à toi, c'est aux tiens que les mains vont se tendre ;
Le bien que j'ai reçu, je vais aussi le rendre ;
J'ai ma place au conseil ; je m'asseois à côté
De ceux qui m'ont sauvée, et la FRATERNITÉ
Peut verser, par mes mains, une aumône abondante,
Car la pauvre ouvrière en est la présidente. »

Aujourd'hui vous pouvez entendre un chant joyeux
Qui, d'en haut descendu, semble venir des cieux.
C'est la voix des enfants de cette pauvre femme,
Qui répandent à flots la gaîté de leur âme.
Leur mère a du travail, leur père est rétabli ;
Son marteau matinal ébranle l'établi.
Le soir, s'il prend un livre auquel il est docile,
C'est le livre divin, c'est le saint Évangile,
Et soumis à celui qui nous dit : Aimez-vous !
Il vient chaque semaine apporter ses deux sous.

Salut, obole salutaire,
Denier du pauvre, saint trésor,

Toi que Dieu compte avec mystère,
Cuivre plus précieux que l'or!

Anneau de l'éternelle chaîne
Qui rend solidaires entre eux,
Dans la grande famille humaine,
L'opulent et le malheureux!

Salut, manne consolatrice,
Qui par un bienfait mutuel,
Peux seule adoucir le supplice
Des fils déshérités du ciel!

Salut, encens, baume, dictame,
Qu'aux humains un Dieu de bonté
Laissa pour unir l'âme à l'âme,
Salut à toi, Fraternité!

Sur terre enfin tu viens renaître,
Non comme un mot fallacieux,
O vertu, dont le divin Maître
A fait un ange dans les cieux!

Par toi, ces trésors de l'aumône,
Que l'homme cache et que Dieu voit,
Rendront meilleur celui qui donne,
Plus heureux celui qui reçoit,

Et les martyrs de la souffrance,
Secourus par un saint amour,
Accepteront, dans l'espérance
De pouvoir donner à leur tour.

Avril 1849.

LES
PETITES SŒURS DES PAUVRES

A M. DE BEAUVAIS

CURÉ DE SAINT-JACQUES-DU-HAUT-PAS

D'humbles religieuses ont fondé, en 1849, une maison à Paris,
rue Saint-Jacques, 277. Cette institution recueille de pauvres
vieillards et leur donne tous les soins que la charité peut inspi-
rer. Les sœurs n'ont pour subvenir à leurs propres besoins et à
ceux de leurs pauvres d'autres ressources que la charité publique. — La postérité bénira le nom de Jeanne Jugan, fonda-
trice de cette œuvre, des deux jeunes filles qui l'ont aidée,
Mlles Marie Jamet et Virginie Tredaniel, et du vicaire de
Saint-Servan, M. l'abbé Le Pailleur.

Quand mai vient reverdir la terre,
Quand tout est joie, espoir, mystère,
Dans les prés aux fraîches couleurs,
Et que, brillants d'atours superbes,
Les insectes, parmi les herbes,
Vont chantant la fête des fleurs ;

A travers la foule dorée,
Voyez se glisser, ignorée,

Une mouche au corselet gris ;
Sans ornement et sans parure,
Elle semble une tache obscure
Dans l'éclat des gazons fleuris.

Respectez-la ; car c'est l'abeille
Qui va, dans chaque fleur vermeille,
Recueillir le nectar de miel ;
C'est l'abeille, ouvrière agile,
L'emblème du travail utile,
Du travail que bénit le ciel.

Ainsi j'ai vu passer par la ville opulente
Une femme, timide, à la marche tremblante,
     A l'accent humble et doux ;
Les plis d'un voile noir enveloppaient sa tête,
Et, comme une étrangère au milieu d'une fête,
     Elle s'avançait parmi nous.

Si Dieu vous a donné de savoir, de comprendre
Ce qu'est la charité qui rend le cœur plus tendre,
     L'esprit plus indulgent ;
Si le bienfait caché vibre au fond de votre âme,
Entourez de respects cette pieuse femme :
     C'est l'abeille de l'indigent.

Chaque jour elle sort et, quêteuse modeste,
Va pour les malheureux butiner quelque reste,
     Quelque débris perdu,
Ou ce pain méprisé que, d'une main avare,

Les esclaves jetaient à la faim de Lazare ,
    Lorsque le maître était repu.

Mais plus active encor que la mouche ouvrière ,
Elle n'attendra pas la tiédeur printanière
    Pour se mettre en chemin ;
Elle ira par la pluie , elle ira par la neige ,
Afin que ces vieillards qu'elle abrite et protége
    Aient de quoi vivre encor demain.

Que la sainte pitié dans votre cœur s'éveille :
La fleur ne ferme point sa corolle à l'abeille ;
    Ne repoussez donc pas
Celle qui vient le soir , faible et pauvre elle-même ,
Tout bas solliciter, pour l'indigent qu'elle aime ,
    Les miettes de votre repas.

O si vous connaissiez comme il faut peu de chose
    Pour produire beaucoup de bien !
De grossiers éléments un doux miel se compose :
    Bien peu suffit à qui n'a rien.

Écoutez ce qu'ont fait trois simples ouvrières ,
    Sans avoir, dans leur pauvreté ,
D'autre appui que le Dieu qu'invoquaient leurs prières ,
    D'autre espoir que la charité.

C'était à Saint-Servan, aux côtes de Bretagne ,
    Sur un sol battu par les flots ,

Ces flots où l'existence avec labeur se gagne,
  Où périssent les matelots.

Là, bien des vieux marins, mutilés par l'orage,
  N'existent plus que pour souffrir;
Bien des femmes surtout, veuves par un naufrage,
  N'ont plus de pain et vont mourir.

Tant de misère émut Marie et Virginie,
  Deux jeunes filles de seize ans,
Fortes de cette foi, de ce divin génie
  Que Dieu donne aux cœurs innocents.

Leur conseil ici-bas fut un pieux vicaire,
  Un cloarec de Saint-Servan;
Leur aide, une voisine, âme simple et sincère,
  Que l'on nommait Jeanne Jugan.

Jeanne gagnait par jour, à filer de la laine,
  Un peu de pain et rien de plus.
Elle accueillit pourtant, sans mesurer sa peine,
  Une femme aux membres perclus.

Un vieillard étant mort, sa veuve octogénaire
  Restait aveugle et sans secours :
Ce fut de Jeanne encor la chambre hospitalière
  Qui s'ouvrit à ses derniers jours.

Virginie et Marie, en prolongeant leurs veilles,
  En souffrant la faim et le froid,

Parvenaient à fournir le pain de ces deux vieilles,
    Que Jeanne abritait sous son toit.

Mais d'autres malheureux réclamaient leurs services;
    Les pauvres étaient leur trésor.
Un vaste asile, ouvert par de longs sacrifices,
    Reçut douze infirmes encor.

Le mal, croissant toujours, accroissait leur courage;
    Le travail remplissait la nuit.
Inutiles efforts! D'un jour entier d'ouvrage
    Une heure absorbait le produit.

C'est alors qu'on les vit aller en suppliantes
    Chercher l'obole de la faim,
Affronter les rebuts et, saintes mendiantes,
    Pour leurs pauvres quêter du pain.

Chacun les accueillit et chacun, à l'obole,
    Au don souvent humble en effet,
Joignit le doux sourire et la douce parole,
    Qui changent l'aumône en bienfait.

Le linge encor manquait : — C'est toi, vierge Marie,
    Mère du pauvre dans le ciel,
C'est toi qu'on implora! Pour ta fête chérie
    Les sœurs dressèrent ton autel.

On tendit pour orner ta modeste chapelle,
    Des lambeaux vieux et sans couleurs;

Et ces habits, qu'usa la misère cruelle,
 On les sema de blanches fleurs.

Vierge sainte! c'était une leçon austère,
 D'une triste simplicité,
Que de voir resplendir ce luxe de la terre
 Sur cette humaine pauvreté.

Aussi devant l'autel bien des passants prièrent;
 Tu rendis les cœurs généreux;
Devant tant de malheurs bien des yeux se mouillèrent,
 Et les présents furent nombreux.

Grâce à toi, Vierge sainte, à Brest, à Tours, à Nantes,
Cette institution aux œuvres surprenantes
 Partout se propage aujourd'hui.
A ces faibles vieillards, que le tombeau réclame,
Outre le pain du corps offrant le pain de l'âme,
 Tu donnes ton sein pour appui.

Qu'est-il besoin d'argent pour fonder les asiles?
Ne viens-tu pas toujours, dans les temps difficiles,
 Lorsqu'on t'implore avec ferveur?
Ne les conduis-tu pas, par d'admirables voies,
Ces humbles sœurs du pauvre, envers qui tu déploies
 Tous les trésors de ta faveur?

Quelqu'un leur donne-t-il un terrain pour l'hospice?
Elles creusent le sol où sera l'édifice;

Il s'élève, il est habité.
Alors chaque ouvrier refuse son salaire,
Et ne veut que l'honneur d'avoir porté sa pierre
Au temple de la Charité.

L'an dernier, sans secours, sans asile, inconnues,
Cinq de ces sœurs du pauvre à Paris sont venues,
N'ayant que Dieu seul pour soutien,
Et de tout ce qui souffre amantes indulgentes,
Ont recueilli d'abord vingt vieilles indigentes,
Elles qui ne possèdent rien.

Aujourd'hui par leurs soins, par leur vive tendresse,
Soixante-dix vieillards qui mouraient de détresse
Goûtent un paisible destin.
Sous l'aile du Seigneur, en qui le pauvre espère,
Tous vivent chaque jour du pain qu'à NOTRE PÈRE
Nous demandons chaque matin.

Comment? Dieu seul le sait; car c'est lui qui les mène.
Elles vont, confondant toute raison humaine,
Au but dont tout autre eût douté.
Elles n'ont de trésor que la Foi, de ressource
Que l'amour du prochain... Oh! remplissez la bourse
Qu'épuisera leur charité!

La sainte Charité, ce germe salutaire
Qui grandit dans leurs cœurs comme, en la bonne terre,
S'élève un arbre vigoureux

Pour couvrir les humains que dispersa l'orage,
Pour verser les parfums, les fleurs, le frais ombrage
    Et les fruits sur les malheureux.

O vous tous qui tenez dans vos mains la semence
D'où peut à votre gré jaillir cet arbre immense,
    Cet arbre aux rameaux triomphants,
Semez pour l'avenir, car Dieu seul est le maître,
Et tel pense donner au pauvre, qui, peut-être,
    Aura semé pour ses enfants!

Novembre 1849.

TABLE

—

LIVRE PREMIER.

LIVRE DEUXIÈME.

LIVRE TROISIÈME.

FIN.

CHEZ LE MÊME ÉDITEUR :

POÈMES ET POÉSIES, par Blanchemain. 1 vol. in-18.

POÉSIES DE A. BARBIER

IAMBES ET POÈMES, 7e édition. 1 joli vol. in-18. . . . . 3 fr. 50
CHANTS CIVILS ET RELIGIEUX, 3e édition. . . . . 3 fr. 50
RIMES HÉROIQUES. 1 vol. in-18. . . . . 3 fr. 50
SATIRES DRAMATIQUES, 2e édition. 1 vol. in-8 . . . . 7 fr. 50

POÉSIES DE A. BRIZEUX

LES BRETONS, poëme couronné par l'Acad. franç. ; 2e édit. 1 vol. in-18.   3 fr. 50

LE MYOSOTIS; nouvelle édition, précédée d'une Notice biographique par Sainte-Marie Marcette ; augmentée d'un Portrait littéraire de H. Moreau, par Sainte-Beuve, de l'Académie française, et d'Œuvres posthumes (Poésies et Lettres), recueillies et mises en ordre par Octave Lacroix. . . . 3 fr. 50

CONTES A MA SOEUR, par Hégésippe Moreau. Nouvelle édition grand in-18. Introduction par Octave Lacroix . . . . 1 fr. »

LES VENDÉENNES, poésies, par Alfred Giraud 1 vol. grand in-18. 3 fr. 50

NÉMÉSIS, satyre hebdomadaire, par Barthélemy. 6e édit. 2 vol in-32. 3 fr. »

LETTRES SUR LA CHIMIE, considérée dans ses rapports avec l'industrie, l'agriculture et la physiologie, par Justus Liebig, professeur de chimie à l'université de Giessens, membre correspondant de l'institut de France, de la Société Royale de Londres, de l'Académie de Berlin, de Saint-Pétersbourg, etc.; traduites de l'allemand, par F. Bertet-Dupiney et E. Dubreuil-Hélion, docteurs en médecine de la faculté de Paris. 1 vol. in-18. 3 fr. 50

ARIOSTE. — ROLAND FURIEUX, traduction de Panckoucke et Framery ; nouvellement revue et corrigée ; précédée d'une Notice, par Antoine de Latour. 2 vol. grand in-18 . . . . 7 fr. »

POÉSIES DE F. PÉTRARQUE, traduction nouvelle et complète, par le comte F. de Gramont. 1 vol. . . . . 3 fr. 50

OBÉRON, par Wieland, traduction entièrement nouvelle, par Auguste Jullien. 1 joli vol. in-18. . . . . 3 f. »

PAMPHLETS POLITIQUES ET LITTÉRAIRES, de P. L. Courier, suivis d'un Choix de ses Lettres, précédées d'un Essai sur la Vie et les Ecrits de l'auteur, par Armand Carrel. 2 vol. in-32. . . . . 2 fr. 50

CODE DE LA NATURE, par Morelly. Ouvrage attribué à Diderot. Réimpression complète, augmentée des fragments importants de la Basiliade, avec l'Analyse raisonnée du système social de Morelly, par Villegardelle. 1 vol. in-18. . . . . 2 fr. »

LA CITÉ DU SOLEIL, par Campanella. In-32 . . . . 1 fr. »

IMPRIMERIE DE J. CLAYE ET Ce, RUE SAINT-BENOÎT, 7.

www.ingramcontent.com/pod-product-compliance
Lightning Source LLC
Chambersburg PA
CBHW072035090426
42733CB00032B/1742